Christof Warnke

Was wissen wir — Was kann man glauben?

Die Deutsche Bibliothek – CIP-Einheitsaufnahme
Ein Titelsatz für diese Publikation ist bei der Deutschen Bibliothek erhältlich

ISBN: 3-932194-43-8
Satz: [redacted]
Umschlaggestaltung: Karl Heinz Thiel unter Verwendung von „Das Abendmahl". Mosaik aus Ravenna, Italien (Anfang 6. Jh.) © AKG, Berlin

Druck und Verarbeitung: Memminger Zeitung Verlagsdruckerei, Memmingen.

Printed in Germany

Christof Warnke

Was wissen wir –
Was kann man glauben?

44 theologische Informationen über Jesus

GEP Buch

Verlag Gemeinschaftswerk der Evangelischen Publizistik gGmbH
Frankfurt am Main 2002

Inhalt

Zur Einführung – Mosaiksteine zum Jesusbild

Das Interesse an Jesus ist ungebrochen. Denn er steht im Mittelpunkt der größten religiösen Bewegung, die die Geschichte kennt: das Christentum. Aus der Mitte des Judentums heraus hat Jesus eine Religion begründet, die weltweite Verbreitung gefunden hat. Die Impulse, die er gegeben hat und gibt, waren und sind kulturell äußerst kreativ und prägend: in der Malerei, in der Musik, Literatur, Architektur, Philosophie und Naturwissenschaft, im Recht und in der Ethik, im politischen und sozialen Leben. Jesus hat auch tief ins persönliche Leben vieler Menschen hinein gewirkt und tut es auch heute.

Man mag an Jesus glauben oder nicht, seine Bedeutung für die Kultur der Menschheit ist einzigartig, abgesehen von dem Glauben, der Hoffnung, dem Trost, der Ermutigung und der Liebe, die er Menschen unterschiedlichster Nationalität, Bildung und sozialer Stellung gegeben hat und gibt.

Diese Tatsachen werden die Aufmerksamkeit immer wieder auf Jesus lenken und Menschen anregen, nach ihm zu fragen und zu forschen, um hinter das Geheimnis seines Wirkens zu kommen. Das gilt auch angesichts des Negativen, das unter Berufung auf Jesus geschehen ist und geschieht: Streit unter Christen, Unterdrükkung und Verfolgung von Andersgläubigen, Kreuzzüge, Kriege, Bilderstürme u.a.m. Wie ist solches mit ihm vereinbar?

Obwohl heute mehr Material aus der Zeit und Umwelt Jesu zur Verfügung steht als je zuvor, bleiben unsere Kenntnisse über ihn weiterhin lückenhaft. Wer auch immer versucht, ein Jesusbild zu erstellen, hat Mosaiksteinchen zu sichten, zu ordnen und zusammenzufügen und wird am Ende doch nur ein Fragment zustande bringen. Und bei manchem Steinchen wird man streiten können, ob es zum Bild gehört oder nicht. – Dass es von Anfang an nebeneinander mehrere Mosaik-Bilder von Jesus gab, wird in dieser Publikation beachtet, indem z.B. berichtet wird, wie die einzelnen Evangelien des Neuen Testaments Jesus zeigen und von ihm erzählen.

Die folgenden Artikel wollen Kenntnisse über Jesus vermitteln, die auf kritische Prüfung der Quellen, die über ihn Auskunft geben, und ihrer wissenschaftlichen Erforschung beruhen. Wo begründete, aber nicht gesicherte Thesen vertreten werden, wird dies der Leserin und dem Leser erkennbar sein. Die Bibelstellen, die sich am Ende jeden Artikels finden, verweisen auf die Grundlage des jeweils Dargelegten.

Ziel dieser Publikation ist es, in knapper sachlicher Darstellung ein fundiertes Grundwissen über Jesus aus Nazareth zu vermitteln.

Die einzelnen Artikel sind im Laufe mehrere Jahre in loser Folge in der Material-

und Gestaltungshilfe „Der Gemeindebrief“, herausgegeben vom Gemeinschaftswerk Evangelischer Publizistik, Frankfurt am Main, erschienen. Sie wurden für die vorliegende Veröffentlichung noch einmal sachlich und redaktionell überarbeitet.

Hat Jesus überhaupt gelebt?

Von Jesus werden Geschichten erzählt, die nicht zur normalen Erfahrung gehören – z.B., dass er zu Fuß über den See Genezareth gegangen sei.[1] Eine solche Geschichte weckt den Verdacht, der menschlichen Fantasie entsprungen zu sein, was für das Beispiel auch zutrifft. Ist dann vielleicht die ganze Jesus-Geschichte erfunden? Hat Jesus überhaupt gelebt?

Jesus ist keine erfundene Figur. Konkrete Mitteilungen über ihn in den vier Evangelien sprechen dafür, dass er wirklich gelebt hat. Auch in zeitnahen Dokumenten von Nichtchristen wird nirgends bestritten, dass er gelebt hat.

Hätten Christen sich Jesus ausgedacht, wäre er wohl wie Sokrates friedlich und ehrenvoll im Kreis seiner Freunde gestorben. Jesus aber wird an einem Galgen hingerichtet. Was das bedeutet, erklärt das Alte Testament: „Ein Aufgehängter ist verflucht bei Gott."[2] Und Paulus, der ursprünglich ein entschiedener Gegner Jesu war, bestätigt, dass die Kreuzigung Jesu den Juden ein Ärgernis ist und den Griechen eine Torheit.[3] Romanhelden verrecken nicht. Sie sterben ehrenvoll. Jesus aber stirbt einen unehrenhaften Tod. Das wird sich kaum jemand ausgedacht haben.

Auch dass Jesus in dem unbedeutenden Nazareth in Galiläa beheimatet ist, passt nicht zu einer Erfindung.[4] Der Ort wird im Alten Testament kein einziges Mal erwähnt. Die Juden in Jerusalem schauen auf die Juden aus Galiläa verächtlich herab. Der Ausspruch „Was kann aus Nazareth Gutes kommen?" bestätigt das.[5] Wäre Jesus eine erfundene Figur, würde seine Heimat eher Jerusalem als Nazareth sein. Dass Jesus „von Nazareth" ist, ist ein Makel, der dafür spricht, dass hier Historisches mitgeteilt wird und nicht ein Wunschgedanke.

Die Evangelien berichten Einzelheiten über Jesus, die auch für Christen eher unangenehm sind – z.B., dass Jesus den Petrus einmal als „Satan" beschimpft.[6] Jesus erscheint vielfach anders, als man sich einen Religionsgründer oder eine ideale Kultgestalt wünschen mag. Gerade die unangepassten und peinlichen Mitteilungen sind ernst zu nehmende Indizien dafür, dass Jesus wirklich gelebt hat. Ein erfundener Jesus wäre ein besserer und attraktiverer Jesus.

Wer kritisch nach dem historischen Jesus forscht und fragt, stößt auf einen Menschen aus Fleisch und Blut. Und wer ihn entdeckt, dem bleibt das Staunen und die Frage: „Wer ist der?"[7]

1 Markus 6,45-51
2 5. Mose 21,23
3 1. Korinther 1,23
4 Lukas 4,16
5 Johannes 1,46
6 Markus 8,33
7 Markus 4,41

Woher stammen die Kenntnisse über Jesus?

Das Neue Testament ist das älteste und ergiebigste Dokument über das Leben und Wirken Jesu. Es enthält 27 einzelne Schriftstücke, die von mehr als 15 verschiedenen Menschen verfasst wurden. Diese haben im gleichen Jahrhundert gelebt wie Jesus. Sie waren alle seine Anhänger.

Die ältesten Dokumente über Jesus sind die Briefe des Paulus. Sie wurden in den Jahren 50 bis 60 geschrieben. Paulus hat Jesus nicht persönlich gekannt. Was er über dessen Biografie mitteilt, hat er von anderen erfahren – z.B. von Petrus, Johannes und Jakobus.[1] Wichtig ist für ihn vor allem der Tod Jesu am Kreuz und seine Auferstehung. Er berichtet jedoch nicht darüber wie ein Reporter, sondern er denkt diese Geschehnisse durch wie ein Kommentator und gründet auf sie seine Botschaft von Gott und Jesus, dem Christus.[2] Paulus interessiert vor allem, was Jesus für die Menschen und die Welt ist und bedeutet.[3]

Die wichtigsten Dokumente über das Leben und Wirken Jesu sind die vier Evangelien im Neuen Testament. Diese sind in den Jahren 70 bis 100 n.Chr. von vier verschiedenen Autoren geschrieben worden. Sie stützen sich aber auf ältere schriftliche und mündliche Überlieferungen. Sie enthalten sowohl Nachrichten als auch Deutungen von Jesu Leben, Wirken und Geschick.

Der erste nicht-christliche Schriftsteller, der Jesus erwähnt, ist Flavius Josephus. Er berichtet um 90 n.Chr. von einem Jakobus, der ein Bruder des Jesus gewesen sei, der Christus genannt wurde. Dieser Jakobus hat in den Anfängen der Kirche eine bedeutende Rolle gespielt.[4]

Römische Urkunden erwähnen Jesus erst Anfang des 2. Jahrhunderts – z.B. Berichte von Sueton und Tacitus. Neues zum Leben und Wirken Jesu teilen diese aber nicht mit. Nennungen Jesu im jüdischen Talmud sind späte polemische Reaktionen auf das Christentum und bieten kaum Verwertbares.

Die Schriftstücke, die seit 1947 bei Qumran am Toten Meer gefunden wurden, enthalten nichts über Jesus. Sie helfen aber, das geistige Umfeld deutlicher zu erkennen, in dem Jesus gelebt hat. Christliche Dokumente aus dem 2. Jahrhundert wie z.B. das Petrusevangelium bieten nur vereinzelt Details über Jesus, die sich im Neuen Testament nicht finden, aber zu beachten sind.

Jesus zählt zu den Menschen des Altertums, die mit am besten dokumentiert sind.

---

1 Galater 1-2
2 1. Korinther 1,18-31; 2; 15
3 2. Korinther 5,16-21
4 Markus 6,3; Galater 2,9; Apostelgeschichte 15,13; 21,18

Die Erforschung des Lebens Jesu

1778 veröffentlichte G. E. Lessing eine Schrift von H. S. Reimarus. Dieser war Professor der orientalischen Sprachen und der erste, der erklärte, man müsse zwischen Jesus selbst und dem, was seine Jünger aus ihm gemacht hätten, unterscheiden. Seitdem sucht man nach dem „historischen Jesus", das heißt nach dem Jesus, wie er wirklich in seiner Zeit gelebt hat, und nach dem, was er tatsächlich gesagt und getan hat und was mit ihm geschehen ist – befreit von allem, was der Glaube von ihm sagt.

Albert Schweitzer hat Anfang des 20. Jahrhunderts die reiche „Leben-Jesu-Forschung" untersucht. Sein Ergebnis: Die Darstellungen des „historischen Jesus" folgen Wunschbildern: Der Moralist beschreibt Jesus als einen Moralprediger, der Sozialist als Vertreter radikaler sozialer Reformen und der Naturfreund als Liebhaber der Lilien auf dem Feld usw.

Schon vor Schweitzer hatte der Theologe Martin Kähler erklärt, aus den Evangelien des Neuen Testaments sei allein die Wirkung Jesu fassbar. Und diese sei „keine andere als der Glaube seiner Jünger". Der wirkliche Christus sei der gepredigte und geglaubte Christus.

Der Theologe Rudolf Bultmann zog aus den Feststellungen Schweitzers und Kählers die Konsequenzen. In seinem Jesus-Buch, das 1926 erschienen ist, beschränkt er sich darauf, Jesus darzustellen, wie er im Neuen Testament als Christus verkündigt wird. Bultmann bestimmte mehrere Jahrzehnte lang die wissenschaftliche Jesus-Literatur.

In der Mitte 20. Jahrhunderts ist erneut eine Diskussion darüber ausgebrochen, ob denn der Zugang zum „historischen Jesus" wirklich verschlossen sei. Immerhin erzählen die vier Evangelien nicht von einem Phantom, sondern von einem Menschen, der in einer bestimmten Zeit, Kultur und Region gelebt und gewirkt hat. Sie zitieren ihn und berichten von seinem Tun und Geschick.

Heute ist man in der Jesusforschung weniger skeptisch als vor 70, 80 Jahren. Da die 27 Dokumente, die das Neue Testament bilden, Jesus als Grund ihrer Botschaft nennen, muss auch versucht werden dürfen, bis zu ihm vorzudringen. Kritische Forschungsmethoden helfen dazu. Sie ergeben zwar kein vollständiges, aber doch ein deutliches Bild von Jesus. Sein Bild mag nur ein Bruchstück sein. Es zeigt aber einen unverwechselbaren Menschen, der den Gott Israels originell zur Sprache bringt.

Methoden der Jesusforschung

Die Evangelien im Neuen Testament sind die Hauptdokumente über das Leben Jesu. Sie sind keine Biografien im modernen Sinn. Ihre Absicht formuliert das Johannes-Evangelium: „... damit ihr glaubt, dass Jesus der Christus ist, der Sohn Gottes, und damit ihr durch den Glauben das Leben habt in seinem Namen.“[1]

Um zuverlässige Informationen zu erhalten, ist zu unterscheiden, was Nachricht ist und was Deutung, was historischer Bericht ist und was Botschaft des Glaubens, was auf Jesus selbst zurückgeht und was Aussage seiner Anhänger ist. Die Theologie hat in den letzten 300 Jahren Methoden entwickelt, diese Unterscheidungen zu treffen. Es sind Methoden, die auch andere Wissenschaften, die Texte erforschen, anwenden.

So gilt als „jesuanisch“, was z.B. in den Evangelien von Jesus gesagt wird und sowohl zum Judentum seiner Zeit als auch zum frühen Christentum im Gegensatz steht. Denn von Juden oder Christen wird kaum erfunden worden sein, was ihrer eigenen Überzeugung widerspricht. Aber das allein genügt als Kriterium nicht. Denn Jesus kann ja auch mit Judentum oder frühem Christentum in manchem übereingestimmt haben. Was über Leben und Wirken Jesu gesagt wird, muss auch mit seiner Zeit und Umwelt zu tun haben und sich aus dem Judentum und den Verhältnissen damals erklären – auch da, wo es dazu im Gegensatz steht.

Zu den Methoden der Jesusforschung gehört die „Literarkritik“. Diese untersucht den Entstehungsprozess von Texten. Durch sie ist entdeckt worden, dass die Evangelien ältere schriftliche und mündliche Überlieferungen enthalten. Die Literarkritik gelangt also durch die Evangelien hindurch dichter an die Zeit Jesu heran.

Eine andere Methode ist die „Formgeschichte“. Diese untersucht z.B. eine Erzählung und ordnet sie entsprechenden Verhältnissen zu, aus denen heraus ihre Entstehung oder Nutzung oder ihr leitendes Interesse sich erklären lässt. Die Formgeschichte zeigt z.B., ob ein Text eher jüdische oder griechische Leser voraussetzt oder seinen „Sitz im Leben“ im Gottesdienst hat oder in einer Gerichtsverhandlung. Sie kommt auf diese Weise den Situationen im Wirken Jesu näher.

Die Theologie verfügt über Methoden, zwischen Glaubensaussagen und Mitteilungen sowie Fantasien zu unterscheiden. So gehört Jesus zu den am besten erforschten Menschen seiner Zeit.

1 Johannes 20,31

Jesus nach dem ältesten Evangelium

Um das Jahr 70 n.Chr. hat ein namentlich nicht bekannter Christ einen Bericht über das Leben und Wirken des Jesus aus Nazareth geschrieben. Er war der erste, der das getan hat, und war auch der erste, der ein Buch „Evangelium" nannte.[1] Seit dem 2. Jahrhundert gilt Markus als sein Verfasser.

Markus hat Geschichten und Aussagen von Jesus, die in mündlicher und in schriftlicher Form umgingen, geordnet und verbunden zu einem Lebensbild, das Jesus als den Messias und Gottessohn zeigt. Die Leser sollen ihn als solchen anerkennen und ihr Leben erhalten, indem sie Jesus nachfolgen, dienen, wie er gedient hat, und ihr Kreuz auf sich nehmen, wie er seines auf sich genommen hat.[2]

Am Anfang der Geschichte Jesu, wie Markus sie berichtet, steht seine Anerkennung als Gottessohn durch Gott selbst. Das geschieht bei der Taufe Jesu. Da erklärt ihm eine Stimme vom Himmel: „Du bist mein geliebter Sohn, an dir habe ich Wohlgefallen."[3] Das Wirken Jesu findet danach vor allem in Galiläa und den angrenzenden Gebieten statt und endet in Jerusalem.[4]

Nach Markus zeigt Jesus, wer er ist, indem er in göttlicher Macht handelt: Er heilt Kranke,[5] weckt eine Tote auf,[6] vergibt Sünden,[7] legt das Fasten- und das Sabbat-Gebot aus,[8] lehrt[9] spricht vom Reich Gottes[10] und gebietet über die Naturgewalten[11]. Dämonen müssen seiner Macht weichen. Sie erkennen, mit wem sie es zu tun haben. Aber Jesus verbietet ihnen, zu sagen, wer er ist.[12] Ebenso befiehlt er den Menschen, die er geheilt hat, dass sie schweigen sollen.[13] Jesus, wie Markus ihn schildert, will nicht erkannt sein als Wundertäter, sondern als der dienende Messias, der mit seinem Leben bezahlt für die Erlösung vieler[14] Sein Tod ist deshalb ein Motiv, das sich durch das ganze Buch hindurch zieht.[15] Denn ohne sein Leiden und Sterben wäre Jesus als Messias, wie Markus ihn sieht, missverstanden[16] Entsprechend groß ist das Gewicht, das die Passionsgeschichte im ersten Evangelium hat. Markus stellt das ganze Leben und Wirken Jesu von seinem Tod am Kreuz und seiner Auferstehung her dar. Und erst in dieser Sicht ist Jesus in Wahrheit als der Messias und Gottessohn erkannt, der bis hin zu seinem Tod ganz erfüllt, was Gott will.[17] Diesem Messias und Gottessohn ist nachzufolgen.

---

1 Markus 1,1
2 Markus 10,43-45; 8,34-38
3 Markus 1,11
4 Markus 1,14-10,52; 11-16,8
5 Markus 1,34.40-44; 3,1-5
6 Markus 5,21-43
7 Markus 2,5.17
8 Markus 2,18-22;23-28
9 Markus 1,22;11,27-33
10 Markus 4,26-34
11 Markus 4,35-41
12 Markus 1,25.34; 3,12
13 Markus 1,44; 5,43; 7,36
14 Markus 10,45;14,24
15 Markus 3,6;9,31;11,18;12,1-12;14,1
16 Markus 8,31-33; 9,32
17 Markus 14,61-62; 15,39; 8,31-33

Das Jesusbild des Matthäus

Mit Jesus kommt Gott zu den Völkern der Welt. Das ist in der Sicht des Matthäus[1] das Ziel der Geschichte[2].

Aus verschiedenen Sammlungen von Aussprüchen Jesu hat Matthäus sechs größere Reden zusammengestellt.[3] In diesen Reden, zu denen auch die Bergpredigt gehört,[4] ist Jesus der Überbringer des Evangeliums. „Evangelium“ ist bei Matthäus das, was Jesus „von dem Reich“ lehrt.[5] Und „dieses Evangelium vom Reich wird in der ganzen Welt zum Zeugnis für alle Völker gepredigt werden.“[6] Aber neben seiner Lehre ist Jesus auch selbst Inhalt des Evangeliums.[7]

Matthäus eröffnet sein „Buch von der Geschichte Jesu Christi“[8] mit einem Stammbaum Jesu, durch den dieser mit der Geschichte Israels verbunden ist, die in ihm sich vollendet[9]. Jesus ist der Messias, den Propheten Israels einst angekündigt haben.[10] Zum Beweis gebraucht der Evangelist das Schema von „Weissagung und Erfüllung“. Immer wieder erklärt er Episoden aus dem Leben Jesu damit, dass sich darin eine Weissagung aus dem Alten Testament erfüllt habe.[11]

Als Messias legt Jesus die Gebote des Alten Testaments recht aus. Dabei gibt er dem Gebot zu helfender und rettender Liebe Vorrang vor jedem Kultgebot wie z.B., dass am Sabbat nicht gearbeitet werden darf.[12] Gott will Barmherzigkeit und nicht Opfer. Zweimal lässt Matthäus Jesus diese Aussage des Propheten Hosea zitieren.[13]

Der Jesus in der Sicht des Matthäus lehrt die bedingungslose Liebe zu Gott und zum Menschen als das maßgebliche Gebot.[14] Diesem Gebot entspricht auch das Wesen Jesu: Er ist „sanftmütig und von Herzen demütig“.[15] Für den Evangelisten liegt die Kompetenz Jesu darin, dass er mit Gott identisch ist. Matthäus lässt Jesus das feststellen mit der Aussage: „Alles ist mir übergeben von meinem Vater; und niemand kennt den Sohn als nur der Vater; und niemand kennt den Vater als nur der Sohn und wem es der Sohn offenbaren will.“[16]

Matthäus hat für Jesus neben dem Messiastitel noch weitere: „Sohn Davids“, „König der Juden“ oder „König Israels“, „Sohn Gottes“, „Herr“.[17] All diese Titel geben Jesus eine göttliche Würde. Dem entspricht, dass Menschen anbetend vor Jesus niederfallen. Die Weisen aus dem Morgenland als Repräsentanten der Völker sind dabei die ersten, die das tun.[1]

1 Das Evangelium nach Matthäus wurde um 80 n.Chr. geschrieben. Es benutzt das Markus-Evangelium und andere ältere Quellen der Jesus-Überlieferung
2 Matthäus 2,1-11; 28,19-20
3 Matthäus 5-7; 10; 13; 18; 23; 24-25
4 Matthäus 5-7
5 Matthäus 4,23;
6 Matthäus 24,14
7 Matthäus 26,13; 28,18-20
8 Matthäus 1,1
9 Matthäus 1,17
10 Jesaja 7,14/Matthäus 1,22-23; Micha 5,1 / Matthäus 2,5-6
11 Matthäus 1,22-24; 2,15.17.23 und öfter
12 Matthäus 12,1-14
13 Matthäus 9,13; 12,7
14 Matthäus 5,38-48; 7,12
15 Matthäus 11,29
16 Matthäus 11,27
17 Matthäus 1,1; 9,27; 2,2; 27,11.42; 3,17; 14,23; 8,2; 15,22.25
18 Matthäus 2,11; 15,25; 28,17

Im Evangelium nach Johannes: Der andere Jesus

Das Johannes-Evangelium[1] unterscheidet sich charakteristisch von den anderen Evangelien im Neuen Testament. Es hat einen ganz eigenen Sprachstil. Auch Jesus redet hier anders als bei Matthäus, Markus und Lukas.

Nach einem Vorwort[2] schildert Johannes das Wirken Jesu auf seinen Wegen zwischen Galiläa, Samaria und Jerusalem[3]. Der zweite Teil[4] handelt von Jesu Gang ans Kreuz, der als Rückkehr zum himmlischen Vater dargestellt wird. Johannes 20,30-31 bildet den ursprünglichen Abschluss des Evangeliums. Kapitel 21 ist ein späterer Anhang.

Nach den ersten drei Evangelien ist das Hauptthema der Reden Jesu das „Reich Gottes", nach Johannes aber das „ewige Leben"[5]. Was „Leben" ist, illustrieren die Wunder Jesu. Vier davon sind bei Matthäus, Markus und Lukas unbekannt. Das spektakulärste Wunder ist die Wiederbelebung des Lazarus.[6] Johannes versteht die Wunder als „Zeichen" für das göttliche Wesen Jesu.[7] Sie haben zum Ziel, dass an Jesus geglaubt wird.[8] Denn wer glaubt, hat das ewige Leben.[9]

Johannes geht von einer vor-irdischen göttlichen Existenz Jesu aus.[10] Aber nicht diese bildet den Stoff seines Evangeliums, sondern Jesu irdischer Weg. Diesen geht Jesus in Einklang mit Gott.[11] Die Übereinstimmung besteht gerade auch in seinem Tod am Kreuz. Sie wird hier „vollbracht"[12]. Damit ist Jesu Tod zugleich seine Erhöhung wieder zu Gott[13].

Seinen Weg geht Jesus als der einzige Sohn, der von Gott gesandt ist. Als solcher gibt er seinen Vater durch seine Reden und vor allem in seiner eigenen Person zu erkennen. Jesu Reden spitzen sich immer wieder auf ihn selbst zu. Das kommt besonders in einer Reihe von „Ich-bin"-Worten zum Ausdruck – z.B. „Ich bin das Brot des Lebens"; „Ich bin das Licht der Welt"[14]. Mit diesen „Ich-bin"-Worten greift der johanneische Jesus eine Formel auf, mit der sich nach dem Alten Testament Gott selbst mitteilt[15]. In den „Ich-bin"-Worten verkündet Jesus also sein göttliches Wesen. Seine Gegner werfen ihm deshalb vor, er mache sich selbst zu Gott[16]. Und tatsächlich bezeichnet der Evangelist Jesus als Gott, obwohl man ihn als Sohn des Josef kennt[17]. – Dies ist dann auch in das christliche Bekenntnis eingegangen, dass Jesus wahrhaft Mensch ist und wahrhaft Gott. Das Johannes-Evangelium erzählt dies als Weg Jesu von Gott über das Kreuz wieder zurück zu Gott.

---

1 Das Evangelium nach Johannes ist um 95 n.Chr. entstanden und ist das jüngste Evangelium im Neuen Testament. Ihm liegt ältere mündliche und wohl auch schriftliche Überlieferung zu Grunde.
2 Johannes 1,1-18
3 Johannes 1,19 – 12,50
5 Johannes 3,15; 4,14.36; 5,39 und öfter
6 Johannes 11
7 Johannes 2,11
8 Johannes 4,46-54;11,25-27.40
9 Johannes 3,36; 6,47 und öfter
10 Johannes 1,1-14
11 Johannes 10,30; 14,9; 15,16; 17

12 Johannes 19,30
13 Johannes 3,14; 8,28; 12,32
14 Johannes 6,35.48; 8,12; 10,11; 11,25; 14,6; 15,1
15 2. Mose 3,14; Jesaja 41,4; 43,10 und öfter
16 Johannes10,33; vgl. 18,6
17 Johannes 1,45; 6,42;1,18; 20,28

Paulus über Jesus

Paulus hat Jesus wahrscheinlich nicht persönlich gekannt.[1] Was er von ihm weiß, hat er von anderen gehört – z.B. von Christen in Damaskus und Jerusalem.[2]

Der Apostel teilt über das Leben Jesu nur wenig mit. In seinen Briefen, die er zwischen 50 und 60 n.Chr. geschrieben hat und zu den ältesten christlichen Dokumenten zählen, erklärt er vor allem, was er über Jesus denkt und von ihm auf seinen Missionsreisen verkündigt.

Im Brief an die Galater bemerkt Paulus, Jesus sei von einer Frau geboren und unter das Gesetz getan worden.[3] Damit unterstreicht er die menschliche Seite Jesu. Im Brief an die Römer hält der Apostel fest, dass Jesus „geboren ist aus dem Geschlecht Davids nach dem Fleisch."[4] Biologisch wäre Jesus also ein Nachfahre von König David und Jude. Paulus weiß auch von Brüdern Jesu.[5] Die familiäre Herkunft allein erklärt dem Apostel aber das Wesen Jesu noch nicht. So ergänzt er, dass Jesus sein Wesen bei der Auferstehung von den Toten empfangen habe.[6]

Gelegentlich finden sich bei Paulus Zitate von Aussagen Jesu, die auch in den Evangelien belegt sind. Dazu gehören vor allem die Einsetzungsworte beim Abendmahl.[7] Im 1. Korintherbrief beruft sich Paulus ausdrücklich auf das Gebot Jesu, das die Scheidung verbietet.[8] Dass ein Missionar ein Recht auf Lebensunterhalt hat, erwähnt der Apostel als Anordnung Jesu.[9] Paulus lässt Worte Jesu anklingen, die aus den Evangelien bekannt sind: „dass nichts unrein ist an sich selbst"[10], die Nächstenliebe als Hauptgebot,[11] das Recht des Kaisers auf Steuern[12].

Überragende Bedeutung haben für Paulus der Tod Jesu am Kreuz und seine Auferstehung von den Toten.[13] Der Apostel zählt sich selbst zu den letzten, denen Jesus nach seinem Tod erschien ist.[14] Dass Gott Jesus, der am Kreuz zum Nichts wurde,[15] von den Toten auferweckt hat, beweist für Paulus, dass Gott dem Niedergemachten Ehre gegeben hat.[16] Und so ehrt Gott auch den Menschen, der von sich aus nichts ist (Sünder), indem er ihn durch Jesus zum Freien macht.[17] Für den Menschen wird die Freiheit zur Realität, indem er an Jesus glaubt, mit ihm lebt und stirbt.[18]

1 Vgl. 2. Korinther 5,16
2 Galater 1,11-24
3 Galater 4,4; vgl. Lukas 2,21-24.39
4 Römer 1,3
5 1. Korinther 9,5; Galater 1,19
6 Römer 1,4
7 1. Korinther 11,23-25; vgl. Markus 14,22-24
8 1. Korinther 7,10; vgl. Matthäus 5,32
9 1. Korinther 9,14; vgl. Lukas 10,7
10 Römer 14,14; vgl. Matthäus 15,11
11 Galater 6,2; Römer 13,9; vgl. Markus 12,31
12 Römer 13,7; vgl. Markus 12,17
13 1. Korinther 1,18 – 2,5; Römer 8,34
14 1. Korinther 15,5-8
15 vgl. Galater 3,13
16 Römer 1,4; Philipper 2,5-11
17 Römer 3,23-24; 2. Korinther 5,17-20
18 Römer 3,28; 14,7-9

Was haben die Engel zur Geburt Jesu gesungen?

Jahrhunderte lang wurde es so an Weihnachten gelesen und in den Gottesdiensten gesungen: „Ehre sei Gott in der Höhe und Friede auf Erden und den Menschen ein Wohlgefallen!“ In den neueren Ausgaben der Bibel nach der Übersetzung Martin Luthers lautet der berühmte Vers aus der Weihnachtsgeschichte, Lukas 2, 14, nun aber anders: „Ehre sei Gott in der Höhe und Friede auf Erden bei den Menschen seines Wohlgefallens.“ Dazu findet sich ganz klein gedruckt die Anmerkung, dass Luther nach anderer Überlieferung übersetzt habe.

Der Unterschied der beiden Überlieferungen, die den verschiedenen Übersetzungen zu Grunde liegt, hängt an einem einzigen griechischen Buchstaben – an einem „s“ als letztem Buchstaben am letzten Wort des Gesangs der Engel. Es gibt eine Reihe von Abschriften des Evangeliums nach Lukas aus dem 9. Jahrhundert, in denen das „s“ fehlt. Und bereits im 3. Jahrhundert fehlt es bei christlichen Schriftstellern, die den Vers zitieren. Das Wort lautet griechisch dann „eudokia“. Martin Luther ist in seiner Übersetzung dieser Überlieferung gefolgt.

Die neueren Ausgaben in der griechischen Ursprache des Neuen Testaments vermerken, dass mit hoher Wahrscheinlichkeit das „s“ doch zum ursprünglichen Text gehört. Abschriften aus dem 4. Jahrhundert bezeugen das „s“, ebenso Zitate aus dem 3. Jahrhundert. Griechisch heißt es hier also „eudokias“, was der Genetiv zu „eudokia“ ist. Und dieser Lesart folgen die neueren Bibelausgaben nach der Übersetzung Martin Luthers.

Fehlt das „s“, so ist der Gesang der Engel dreigliedrig, wie ihn auch Luther formuliert hat: Ehre – Friede – Wohlgefallen. Mit dem „s“ ist der Gesang zweigliedrig, wie er jetzt in den Bibelausgaben zu lesen ist: Ehre – Friede.

Lukas 2,14 war lange auch Gegenstand konfessionellen Streits. Katholische Übersetzungen folgten dem alten lateinischen Wortlaut, wonach der Friede auf Erden „den Menschen guten Willens“ gilt. Martin Luther und die protestantische Theologie wollen den Frieden nicht vom guten Willen der Menschen abhängig sehen, sondern beziehen den guten Willen auf Gott: Der Friede gilt den Menschen auf Erden, denen Gott seinen guten Willen erzeigt. – Diese Angelegenheit ist inzwischen kein Streitpunkt mehr. Die Einheitsübersetzung der Bibel, die offiziell in den katholischen Bistümern in Deutschland eingeführt ist, folgt der zweigliedrigen Textform und sinngemäß der Auslegung Luthers: „Verherrlicht ist Gott in der Höhe und auf Erden ist Friede bei den Menschen seiner Gnade.“ Luthers Verständnis des Gesangs der Engel hat sich durchgesetzt. Es wurde übrigens durch Textfunde in Qumran aus der Zeit Jesu bestätigt. Dort ist die Rede von Menschen, die Gott nach seinem Wohlgefallen erwählt hat und „Söhne seines Wohlgefallens“ sind.

Wann hat Jesus gelebt?

Über die Geburt Jesu finden sich Zeitangaben lediglich in den Evangelien nach Matthäus und Lukas. Diese passen aber nicht zusammen. Somit ist das Geburtsjahr Jesu unbekannt.

Nach Matthäus ist Jesus zur Zeit von König Herodes dem Großen geboren.[1] Dieser starb im Jahr 4 v.Chr. Lukas macht aber andere Angaben.[2] Er nennt Kaiser Augustus sowie eine Steuererhebung über das ganze römische Reich zur Zeit, als Quirinius Statthalter in Syrien war. Eine solch ausgedehnte Steuererhebung ist aus anderen Quellen erst aus den Jahren 74/75 n.Chr. belegt. Quirinius hat im Jahr 6/7 n.Chr. eine auf Syrien und Judäa begrenzte Steuererhebung durchgeführt. Da war Herodes schon zehn Jahre tot. – Matthäus gibt noch weitere Anhaltspunkte für eine mögliche Datierung der Geburt Jesu: Den Stern über Bethlehem und die Ermordung samtlicher Kinder in Bethlehem und Umgebung[3].

Herodes war wohl ein Herrscher, der vor der Ermordung eigener Familienmitglieder nicht zurückgeschreckt ist. Aber von einer Ermordung von Kindern in Bethlehem und Umgebung wissen andere Quellen nichts. Und der Stern, den die Weisen aus dem Morgenland gesehen haben wollen, ist im nahen Jerusalem offenbar nicht wahrgenommen worden. Dass es sich um einen Kometen gehandelt habe, den chinesische Astronomen in den Jahren 5 und 4 v.Chr. registriert haben, ist nur eine Vermutung. Gleiches gilt für eine besondere Stellung von Jupiter und Saturn, die im Jahr 7. v.Chr. im Sternbild der Fische beobachtet wurde.

In Lukas 3,23 wird erwähnt, dass Jesus „etwa dreißig Jahre alt" war, als er in die Öffentlichkeit trat. Die Altersangabe ist unbestimmt und lässt sich auch nicht näher fassen, wenn der Hinweis in Lukas 3,1 auf das 15. Regierungsjahr des Kaisers Tiberius herangezogen wird. Denn damit könnte sowohl das Jahr 26 als auch das Jahr 29 n.Chr. gemeint sein, weil nicht feststeht, ab wann die Regierungszeit des Tiberius gezählt wurde.

Am genauesten sind die Daten zu Jesu Kreuzigung. Diese fällt in die Zeit des Pontius Pilatus, der von 26 bis 36 n.Chr. Prokurator in Judäa war.[4] Übereinstimmend berichten die Evangelien, dass Jesus an einem Freitag gekreuzigt wurde.[5] Nach Johannes war der Freitag der Tag vor dem Beginn des Passafestes. Das gilt für die Jahre 30 und 33 n.Chr. Nach den drei anderen Evangelien ist der Freitag bereits der erste Tag des Passafestes. Das gilt für die Jahre 27 und 34 n.Chr. Da die Kreuzigung „nicht beim Fest"[6] stattgefunden haben wird, spricht die größere Wahrscheinlichkeit für die Angabe des Johannes. Und so datieren die meisten Forscher den Tod Jesu auf April des Jahres 30 n.Chr.

---

1 Matthäus 2
2 Lukas 2,1-3
3 Matthäus 2
4 Markus 15 und die anderen Evangelien
5 Markus 15,42; Matthäus 27,62; Lukas 23,54; Johannes 19,31.42
6 Markus 14,2

Aus Jesu Kindheit ist nichts Besonderes bekannt

Matthäus und Lukas widmen je ein ganzes Kapitel der Kindheit Jesu.[1] Trotzdem ist über diesen Lebensabschnitt nichts Besonderes bekannt. Denn die Kindheitsgeschichten der Evangelien sind legendären Charakters. Das Wunderhafte überwiegt – z.B. Schwangerschaft Marias ohne Zutun eines Mannes,[2] Markierung des Geburtshauses Jesu in Bethlehem durch einen Stern,[3] Erscheinung von Engeln[4]. Für all das gibt es sonst keine Nachweise – nicht einmal für den Kindermord, den Herodes befohlen haben soll.[5] Keine der Geschichten, die Matthäus von Jesu Kindheit erzählt, findet sich auch bei Lukas und umgekehrt. – Die Kindheitslegenden wollen vor allem sagen, dass Jesu Weg ganz und gar von Gott bestimmt ist. Das lässt sich zwar glauben, bekennen und erzählen, aber nicht mit historischen Vorgängen begründen.

Matthäus datiert die Geburt Jesu in die Zeit des Königs Herodes. Dieser regierte von 40 bis 4 v.Chr. Lukas bringt Jesu Geburt in Verbindung mit einer Registrierung zur Steuer, die Kaiser Augustus durch Quirinius in Syrien habe durchführen lassen. Dieser war seit etwa 10 v.Chr. bis 16 n.Chr. im Nahen Osten tätig. Wahrscheinlich wurde mit der Registrierung zur Steuer, dem Census, im Jahre 7 n.Chr. in Palästina begonnen. Kombiniert man die Daten der beiden Evangelisten, müsste Jesus zwischen 4 vor und 7 n.Chr. geboren sein. Sein Geburtsjahr ist nicht sicher feststellbar.

Matthäus und Lukas bezeugen, dass Jesus in Bethlehem geboren wurde.[6] Nach einem Ausspruch des Propheten Micha (8. Jahrhundert v.Chr.) galt Bethlehem als der Ort, aus dem der Messias kommen werde.[7] Nach Johannes 7,41 bestreiten einige die Messianität Jesu mit der Frage: „Soll der Christus aus Galiläa kommen?" Bethlehem ist hier nicht in Betracht gezogen. So lässt sich auch der Geburtsort Jesu nicht sicher feststellen. Jesus selbst hat seinem Geburtsort keine Bedeutung beigemessen. Er erwähnt ihn nie. Unzweifelhaft ist, dass er in Nazareth aufgewachsen ist und als Nazarethaner angesehen wurde.[8]

Die Mitteilung in Lukas 2,11, dass Jesus, als „acht Tage um waren", beschnitten wurde, entspricht ganz jüdischer Tradition. Paulus bestätigt das mit der Bemerkung, Jesus sei „unter das Gesetz"[9] gestellt worden, d.h., dass er in der religiösen Tradition des Judentums aufgewachsen ist wie andere jüdische Kinder auch.

1 Matthäus 2; Lukas 2
2 Matthäus 1,18-23; Lukas 1,26-38
3 Matthäus 2,9
4 Matthäus 2,13.19; Lukas 2,9-14
5 Matthäus 2,16-19
6 Matthäus 2,1; Lukas 2,4
7 Micha 5,1; vgl. Matthäus 2,5-6
8 Markus 6,1; Johannes 19,19
9 Galater 4,4

Die Familie Jesu

Die „heilige Familie“ war ein beliebtes Motiv in der Malerei. Sie wurde als moderne Ein-Kind-Familie dargestellt. Die Evangelien berichten aber etwas anderes. Markus nennt vier Brüder Jesu mit Namen: Jakobus, Joses, Judas und Simon. Außerdem sind Schwestern Jesu erwähnt.[1] Jesus ist also mit mindestens sechs Geschwistern aufgewachsen.

Von Paulus ist zu erfahren, dass Jesu Brüder verheiratet waren.[2] Es kann also angenommen werden, dass Jesus auch Onkel war. Tatsächlich berichtet Eusebius (260 – 340 n.Chr.) von einem Großneffen Jesu, einem Enkel des Judas. Johannes teilt mit, dass unter dem Kreuz, an dem Jesus starb, auch eine Schwester seiner Mutter, also seine Tante, stand.[3] Und Lukas gibt an, dass Elisabeth, die Mutter von Johannes dem Täufer, eine Verwandte von Jesu Mutter sei.[4] Allerdings wird diese Mitteilung nirgends bestätigt – gerade auch dort nicht, wo von einer Begegnung Jesu mit Johannes erzählt wird.[5] Eine Verwandtschaft zwischen beiden ist deshalb nicht anzunehmen.

Matthäus und Lukas überliefern Stammbäume Jesu.[6] Deren historischer Wert ist zweifelhaft. Sie stimmen nicht überein. In beiden Stammbäumen wird Josef als Vater Jesu aufgeführt,[7] was im Widerspruch steht zu den Erzählungen von der Jungfrauengeburt[8] Jesu. Die Stammbäume sind von theologischen Aussagen und Interessen geprägt. Bei Matthäus: Jesus erfüllt die Messiasverheißung, die dem König David einst gegeben wurde, und gehört zu der besonderen Geschichte Gottes mit Abraham.[9] Bei Lukas: In Jesus vollendet Gott die Schöpfung, die er mit Adam begonnen hat.[10] Paulus bestätigt, dass Jesus „nach dem Fleisch“ ein Nachkomme Davids ist.[11]

Die Erzählungen von der Jungfrauengeburt Jesu sind deutende Legenden. Ihre Angaben werden vom übrigen Neuen Testament nicht gestützt. Im Gegenteil: Johannes nennt Josef ausdrücklich und ohne Einschränkung als Vater Jesu.[12] Aber auch hier steht fest, dass Jesus nicht von seinem familiären Hintergrund her zu erklären ist. Sein Wesen hat er vielmehr aus seiner unmittelbaren Beziehung zu Gott. Seine familiären Verhältnisse bestätigen, was Christen von Jesus bekennen: Er ist „wahrer Mensch“. Damit ist aber noch nicht alles über ihn gesagt. Christen bekennen von Jesus auch: Er ist „wahrer Gott“. Dass Beides von ihm ausgesagt werden muss, ist das Besondere an ihm.[13]

---

1 Markus 6,3
2 1. Korinther 9,5
3 Johannes 19,25
4 Lukas 1,36
5 Markus 1,9-13; Matthäus 11,1-19
6 Matthäus 1,1-17; Lukas 3,23-38
7 Matthäus 1,16; Lukas 3,23
8 Matthäus 1,18-23; Lukas 1,26-38
9 2. Samuel 7,11-13; 1. Mose 12,1-3
10 vgl. 1. Korinther 15,20-28
11 Römer 1,3
12 Johannes 1,45; 6,42
13 Konzil von Nizäa im Jahr 325 n.Chr.

Nazareth und Bethlehem

Nazareth und Bethlehem sind Kleinstädte von 40.000 bzw. 20.000 Einwohnern. Kaum jemand in der Welt würde sie kennen, wenn sie nicht zur Geschichte Jesu gehörten.

Bethlehem wird im Neuen Testament freilich nur im Zusammenhang mit der Geburt Jesu genannt.[1] Allerdings berichtet das Evangelium nach Johannes von einer Diskussion über die Frage, ob Jesus der Messias sei. Das wird bestritten mit der Begründung, Jesus stamme aus Galiläa. Wenn er der Messias wäre, müsste er aus Bethlehem kommen.[2] Das heißt: Die Geburt Jesu in Bethlehem ist, historisch betrachtet, nicht gesichert. Es kann sein, dass aus der Überzeugung, er sei der Messias, Matthäus und Lukas die Schlussfolgerung gezogen haben, dass er dann auch in Bethlehem geboren sein muss. Tatsächlich spielt Bethlehem sonst im Leben Jesu keine Rolle. Es werden in den Evangelien viele Orte genannt, durch die Jesus gekommen ist. Bethlehem ist nicht darunter, obwohl das Städtchen nur sieben Kilometer südlich von Jerusalem liegt.

Dennoch ist Bethlehem weit bedeutender als Nazareth. Die Ortschaft wird bereits in ägyptischen Aufzeichnungen aus dem 14. Jahrhundert v.Chr. erwähnt. Im Alten Testament ist sie genannt als Sitz der Familie des Königs David.[3] Von hier stammte auch Boas, der Mann der Rut, Vorfahren Davids, die Matthäus im Stammbaum Jesu aufführt.[4] David erhebt allerdings nicht Bethlehem zur Hauptstadt seines Reichs, sondern Jerusalem.[5] Von besonderer Wirkung war die Ankündigung des Propheten Micha, dass aus dem kleinen Bethlehem der Messias kommen werde.[6] Das begründete zur Zeit Jesu die Erwartung, der Messias müsse hier geboren werden.[7]

Nazareth findet im Alten Testament keine Erwähnung. Der Ort war politisch und religiös ohne Bedeutung. Das spiegelt sich in der Frage des Nathanael wieder, als ihm Jesus als der Messias vorgestellt wird: „Was kann aus Nazareth Gutes kommen?“[8]

In Nazareth lebte die Familie Jesu.[9] Er selbst ist, wenn nicht hier geboren, hier doch aufgewachsen.[10] Entsprechend wird er auch im Neuen Testament genannt: Jesus von Nazareth.[11] Hauptwirkungsstätten Jesu sind jedoch Kapernaum und die Ortschaften am See Genezareth.[12] Im heimatlichen Nazareth stößt er auf Ablehnung.[13] Erst 300 Jahre nach seinem Tod wird die Vaterstadt Jesu christlich.

1 Matthäus 2,1; Lukas 2,4
2 Johannes 7,40-43
3 1. Samuel 16
4 Rut 2; Matthäus 1,5
5 2. Samuel 5
6 8. Jahrhundert v.Chr.; Micha 5,1
7 Matthäus 2,3-8
8 Johannes 1,46
9 Matthäus 2,23; Markus 6,1-6
10 Lukas 4,16
11 Markus 1,9.24; Johannes 19,19
12 Markus 1,21; 2,1; 1,16; 5,1; 6,45; 7,31
13 Markus 6,1-6

Jesu Erziehung und Jugend erfolgt nach jüdischer Tradition

Markus und Johannes berichten nichts über Jesu Kindheit und Jugend. Offenbar setzen sie voraus, dass Jesus aufgewachsen ist wie jedes andere jüdische Kind. Lukas bestätigt, dass seine Eltern nach der Tora, der göttlichen Weisung für Israel, gelebt haben.[1]

Wie sieht eine normale jüdische Erziehung und Jugend aus, wie sie auch für Jesus gegolten haben wird? In Lukas 2,21 wird erwähnt, dass Jesus acht Tage nach seiner Geburt beschnitten wurde. Die Beschneidung – die Entfernung der Penisvorhaut – bedeutet die Aufnahme in den Bund Gottes mit Abraham.[2] Im Alter von sechs Jahren wird Jesus in einer Schule bei der Synagoge an Hand der hebräischen Bibel das Lesen gelernt haben. Als Erwachsener tritt er in der Synagoge als Vorleser und Ausleger der hebräischen Bibel auf.[3] Die Geschichte vom zwölfjährigen Jesus im Tempel[4] spielt wohl auf die sogenannte Bar Mizwa Jesu an, die mit der Vollendung des 13. Lebensjahres begangen wird. Von da an ist er als „Sohn des Gebotes" mündig und verpflichtet, alle Gebote der Tora zu halten.

Mehrfach bezeugen die Evangelien, dass Jesus in den religiösen Traditionen des Judentums seiner Zeit lebte. In diese Tradition ist er von Jugend auf eingeführt worden. Dazu gehört der Besuch der Synagoge am Sabbat[5] und das Feiern der jüdischen Feste wie das Passa[6]. Die Ursprungsgeschichte des Passa wird Jesus schon in seiner Kindheit kennengelernt haben.[7] Jesu Weise zu beten – auch sein Vaterunser – entspricht jüdischer Gebetstradition, in die schon das Kind von seinen Eltern eingewiesen wird. Wie der fromme Jude bis heute wird Jesus sich einen Gebetsmantel mit Quasten übergelegt und sich die Gebetsriemen und -kapseln um den linken Unterarm und auf die Stirn gebunden haben zur Erinnerung an die Gebote Gottes.[8] Die zehn Gebote vom Sinai[9] sowie das „Höre, Israel", das jüdische Glaubensbekenntnis aus 5. Mose 6,4–5, wird Jesus wie jedes jüdische Kind schon in seiner Jugend gelernt haben.[10]

Jesu Prägung zeigt sich nicht zuletzt in seiner Sprache und Denkweise. Sie ist ganz und gar jüdisch und in der hebräischen Bibel verwurzelt. Das gilt auch dort, wo sie im Widerspruch zum Judentum seiner Zeit und zur hebräischen Bibel zu stehen scheint – wie zum Teil in der Bergpredigt. Jesus ist Jude. Anders ist er nicht zu verstehen.

1 Lukas 2,39
2 1. Mose 17,9-14
3 Markus 1,21; 6,2; Lukas 4,16-22
4 Lukas 2,41-50
5 Markus 1,21; Matthäus 9,35
6 Lukas 2,41; Markus 14,12
7 2. Mose 12
8 4. Mose 15,38-40; 5. Mose 22,12; 5. Mose 6,6-8
9 2. Mose 20
10 Markus 10,17-21; Matthäus 5,21.27

Die Weisen aus dem Morgenland – eine Jesuslegende

Die Geschichte von den heiligen drei Königen Kaspar, Melchior und Balthasar steht nicht in der Bibel. Diese erzählt vielmehr eine andere Geschichte: die von den Weisen oder Magiern aus dem Morgenland.[1]

Aus den Weisen wurden in der Erzählfreude der Christen drei Könige, denen die Fantasie auch Namen gab. Auf drei kam man vermutlich wegen der drei Geschenke, die die Weisen dem Jesuskind überbringen: Gold, Weihrauch und Myrrhe. Ihre Erwähnung bezieht die Weissagungen von Psalm 72,10 und Jesaja 60,6 auf Jesus, die dort dem König bzw. dem Volk Israel gelten. Psalm 72,10 hat auch die Anregung dazu gegeben, aus den Weisen Könige zu machen. Es heißt dort: „Die Könige von Tarsis und auf den Inseln sollen Geschenke bringen, die Könige aus Saba und Scheba sollen Gaben senden.“

Aus der Antike gibt es mehrere Beispiele, wonach besondere Sterne die Geburt eines Königs anzeigen. Im Jahr 7 v.Chr. wurde eine Konstellation beobachtet, bei der Saturn, der Stern Israels, und Jupiter, der Königsstern, im Sternbild der Fische dicht zusammengerückt erschienen. Vielleicht hat Matthäus an dieses Phänomen gedacht. Die Weisen schließen aus dem Stern, dass den Juden ein neuer König geboren sein muss. Auf die Ortschaft Bethlehem führt sie eine Aussage des Propheten Micha, wonach von dort kommen werde, der in Israel Herr sein wird.[2]

Ein Motiv aus der Welt der Legenden ist die Mitteilung, dass der Stern die sieben Kilometer von Jerusalem nach Bethlehem den Weisen voranging und über der Stelle stehen blieb, wo das Kind lag.[3] Der Evangelist mag damit an 4. Mose 24,17 erinnern wollen: „Es wird ein Stern aus Jakob aufgehen und ein Zepter aus Israel aufkommen.“ Das Schema von alttestamentlicher Weissagung und deren Erfüllung in Jesus ist für Matthäus charakteristisch.[4]

Matthäus schreibt von den Weisen aus dem Morgenland in der Erzählgattung einer Legende und nicht etwa eines Reisetagebuchs. Die biblische Legende wird in der von den heiligen drei Königen noch ausgeschmückt und gesteigert. Beide Versionen dürften kaum historische Vorgänge überliefern. Sie sind erzählerische Verkündigung der Gewissheit, dass Jesus der König Gottes ist, den die Völker anbeten sollen und der den weltlichen Königen die Machtfrage stellt.

1 Matthäus 2
2 Micha 5,1
3 Matthäus 2,9
4 Vgl. Matthäus 5,17-18

Gehörte Jesus zur Qumran-Gemeinschaft?

1947 und danach wurden in Höhlen bei Qumran am Toten Meer alte Schriftstücke gefunden. Diese stammen aus den beiden Jahrhunderten vor und dem ersten Jahrhundert n.Chr. Man hat in den Schriften manches entdeckt, was an die Urkirche erinnert und auch in Worten Jesu anklingt.

Viele Forscher erklären, Essener hätten die Gemeinschaft von Qumran gebildet. Manche bezweifeln das. Der Historiker Flavius Josephus (37 – 100 n.Chr.) und der Philosoph Philo von Alexandrien (25 v.Chr. – 50 n.Chr.) nennen die Essener als eine der jüdischen Gruppen neben den Pharisäern und den Sadduzäern. Im Neuen Testament finden sie keine Erwähnung, es sei denn, dass sie hier mit den „Schriftgelehrten" gemeint sind.

Nach dem Auffinden der Schriften von Qumran kam schnell die These auf, hier liege die geistige Heimat Jesu. Jesus müsse dieser Gemeinschaft angehört haben. Das wird inzwischen immer mehr bestritten. Die Vorschriften für die Einhaltung des Sabbats und der religiösen Reinheit sind in Qumran besonders rigoros. Jesus dagegen legt sie liberal aus und stellt den Sabbat in den Dienst des Menschen.[1] Die Qumran-Gemeinschaft lehnt aus dogmatischen Gründen den Mondkalender, der sonst im Judentum gilt, radikal ab und richtet sich nach dem Sonnenkalender. Jesus ist an Kalenderfragen nicht interessiert. Menschen, die nicht nach dem Verständnis von Qumran in den Geboten des Mose leben, gelten dort als Sünder und Feinde. Jesus dagegen hat den Ruf, ein Freund der Sünder zu sein,[2] weil er sich mit ihnen trifft und sogar mit ihnen isst und trinkt.[3] Die Qumran-Gemeinschaft sucht das Heil in der Wüste und erwartet hier das Kommen des Messias. Jesus dagegen zieht nach Jerusalem. Er lehrt öffentlich,[4] die Qumran-Gemeinschaft lehrt und lebt in einer abgeschiedenen Siedlung.

Das alles spricht dagegen, dass Jesus zur Gemeinschaft von Qumran gehört hat. Gewiss ist: Jesus steht als Jude in der Tradition der hebräischen Bibel, dem Alten Testament. In dieser steht auch die Qumran-Gemeinschaft und leben all die anderen religiösen Gruppen des Judentums. Das erklärt die Gemeinsamkeiten. Die nicht geringen Unterschiede aber verbieten es, Jesus der Qumran-Gemeinschaft, den Pharisäern, Sadduzäern oder Zeloten zuzuordnen. Das Neue Testament bezeugt lediglich eine Verbindung zu Johannes dem Täufer.[5]

1 Markus 2,23-28; 7,1-23
2 Matthäus 11,19
3 Markus 2,13-17
4 Markus 1,21; 14,49
5 Markus 1,9-11

War Jesus ein Jünger von Johannes dem Täufer?

Die Evangelien berichten, dass Jesus zu Johannes an den Jordan kam und sich von ihm taufen ließ.[1] Das setzt eine Beziehung zwischen Jesus und Johannes voraus. Lukas stellt eine verwandtschaftliche Verbindung zwischen ihnen her,[2] ohne dieser aber besondere Bedeutung für die Prägung oder das Wirken Jesu beizumessen. Die Verwandtschaft zwischen beiden wird von Lukas später nicht mehr erwähnt, selbst da nicht, wo es sich angeboten hätte.[3] So ist zweifelhaft, ob die Bemerkung in Lukas 1,36 stichhaltig ist.

Die Begegnung Jesu mit Johannes dem Täufer beschränkt sich wohl nicht nur auf die Taufe. Manche Forscher nehmen deshalb an, Jesus habe zur Jüngerschar des Johannes gehört. Dafür spricht, dass Jesus wie der Täufer das bevorstehende Kommen des Reiches Gottes verkündet[4] und sich zu Johannes stets anerkennend und respektvoll[5] äußert. Dagegen spricht, dass die Unterschiede zwischen beiden doch wesentlich sind. Jesus tauft selbst nicht.[6] Johannes wirkt in der Wüste und führt die Lebensweise eines Beduinen.[7] Jesus wirkt dagegen überwiegend in Städten und Dörfern.[8] Johannes tritt eher als Asket auf, Jesus nimmt dagegen festliche Gelegenheiten gerne wahr.[9] Zur Botschaft des Johannes gehört die Ankündigung des Messias;[10] zur Botschaft Jesu gehört eine solche Ankündigung nicht. Eher versteht er sich selbst als Messias, ohne allerdings diesen Titel für sich selbst zu gebrauchen.[11] Diese Unterschiede lassen sich nicht allein aus der Konkurrenz zwischen der frühen christlichen Gemeinde und den Anhängern des Johannes erklären, die es bis ins 2. Jahrhundert gibt.[12] Sie liegen ursprünglich wohl bei Jesus und Johannes selbst.

Jesus hat Johannes den Täufer offenbar sehr geachtet. Aber seine Beziehung zu ihm war nicht so intensiv, dass anzunehmen wäre, Jesus sei sein Schüler gewesen. Doch steht die Jesusbewegung der Johannesbewegung unter den zeitgenössischen Strömungen des Judentums am nächsten.

Die Darstellung des Täufers im Johannesevangelium, wonach dieser förmlich auf Jesus als Messias hinweist und seine eigenen Jünger auffordert, Jesus nachzufolgen, spiegelt nicht mehr die historische Beziehung der beiden Prediger zueinander wider. Sie entspricht eher dem Wunsch der christlichen Gemeinde gegenüber der Johannesgemeinde am Ende des 1. Jahrhunderts.[1].

---

1 Markus 1,9-13
2 Lukas 1,36
3 Lukas 3,1-22; 7,18-35
4 Matthäus 3,2; 4,17
5 Markus 11,27-33; Matthäus 11,7-19
6 Johannes 3,22 wird in 4,2 korrigiert
7 Markus 1,2-6
8 Markus 1,21; 6,1.6
9 Markus 2,18-22; Matthäus 11,18-19
10 Markus 1,7-8; Matthäus 11,1-6
11 Markus 8,27-30; 14,61-62
12 Vgl. Apostelgeschichte 19,1-7
13 Vgl. Johannes 1,29-37

Jesus, seine Jünger und Jüngerinnen

Jesus ist umgeben von einem Kreis von Jüngern oder Schülern. Auch zeitgenössische Rabbinen haben Jünger.[1] Doch gibt es zwischen ihnen und den Jüngern Jesu charakteristische Unterschiede. Jesus beruft sich seine Jünger aus eigener Initiative.[2] Bei den Rabbinen dagegen bewirbt sich der Jünger. Ein Rabbi-Schüler will selbst Rabbi werden, ein Jünger Jesu bleibt aber sein Jünger. Jesus ist ihm gegenüber immer der „Herr“ und „Meister“.[3] Die Schüler eines Rabbis wollen die rechte Auslegung der Tora, der Weisungen der Bücher Mose, von ihm erlernen und seine Lehre weitergeben. Dagegen ist für Jesu Jünger dessen Person entscheidend. „Wer ist der?“, lautet ihre Frage.[4] Sie werden später auch nicht nur seine Lehre weitergeben, sondern ihn selbst als „Christus“ und „Herrn“ verkünden.[5] Ihnen ist auch Jesu Geschichte und sein Geschick wichtig und nicht nur seine Lehre. Sie glauben nicht „wie er“, sondern „an ihn“.[6]

Zwölf Jünger werden besonders hervorgehoben. Ihre Namen sind in Markus 3,16–19 genannt. Lukas erwähnt statt Thaddäus einen Judas, Sohn des Jakobus.[7] Neben den zwölf Jüngern begleiten noch weitere Personen Jesus auf seinem Weg, darunter auch Frauen, von denen ebenfalls einige mit Namen genannt sind.[8]

Die Evangelien zeichnen die zwölf Jünger nicht als ideale Persönlichkeiten. Im Gegenteil: Petrus, der als Sprecher der Zwölf hervortritt, leugnet nach der Gefangennahme Jesu seine Zugehörigkeit zu ihm.[9] Von Judas aus Iskariot berichten die Evangelien sogar, er habe Jesus an seine Gegner ausgeliefert.[10] Von Thomas wird mitgeteilt, dass er die Nachricht von der Auferstehung Jesu nicht glauben will.[1]. Die Jünger sind allesamt Menschen, die der großzügigen Nachsicht Gottes und ihrer Mitmenschen bedürfen.

Nach der Auferstehung Jesu gehören Petrus und Johannes zur Führung der christlichen Gemeinde in Jerusalem.[12] Die Spur der übrigen Jünger verliert sich. Das bedeutet, dass die Zwölfzahl der Jünger, die schon bei Paulus ein Begriff ist,[13] tatsächlich auf Jesus zurückgehen wird. Hätte die frühe Kirche sie erfunden, würde sie dort auch eine besondere Rolle gespielt haben. Die Zwölfzahl der Jünger ist in Matthäus 19,28 auf die zwölf Stämme Israels bezogen. Sie stellt damit symbolisch die Vollzahl der Menschen dar, die zu Gott gehören.

1 Markus 2,18
2 Markus 1,16-20; 2,13-17
3 Vgl. Matthäus 23,8-10; Apostelgeschichte 1,21-26
4 Markus 4,41
5 Apostelgeschichte 2,14-36; 4,1-20
6 Johannes 2,11
7 Lukas 6,14-16
8 Markus 15,40-41; Lukas 8,1-3
9 Markus 8,29.32; 14,66-72
10 Markus 14,43-46
11 Johannes 20,24-29
12 Galater 2,9
13 1. Korinther 15,5

War Jesus verheiratet?

Das Bild vom Junggesellen Jesus hat sich fest eingeprägt. Tatsächlich sagt das Neue Testament nicht, dass Jesus Frau und Kinder hatte. Auch außerhalb der Bibel gibt es darüber keine Nachrichten.

Das Neue Testament macht keine Andeutung über eine Ehe oder ein sexuelles Verhältnis Jesu zu einer Frau. Trotzdem war der jüdische Theologe Schalom Ben-Chorin überzeugt, dass Jesus, „wie jeder Rabbi in Israel, verheiratet war".[1] Seine Gründe: Ehelosigkeit ist für einen Juden so außergewöhnlich, dass Jesus sicher danach gefragt worden wäre. Er ist ja auch zu seinem außergewöhnlichen Verhalten gegenüber den Sabbatvorschriften gefragt worden.[2] Dass Jesu Frau nicht erwähnt wird, sei normal. So seien auch die Frauen der Jünger unberücksichtigt geblieben. Von Petrus wird nur die Schwiegermutter erwähnt.[3] Das jüdische Lehrbuch, der Talmud, kenne Hunderte von Rabbinen, ohne etwas von ihren Frauen mitzuteilen, berichtet Ben-Chorin. Jesus habe „ergreifend tiefe Worte über die Ehe" gesagt.[4] Nach dem Talmud müssen bei der Beschneidung eines Jungen die Paten versprechen, ihn in den Geboten des Alten Testaments, zur Eheschließung und zu guten Taten zu erziehen. Rabbinen lehren unter Hinweis auf 1. Mose 5,2, ohne Frau sei der Mann kein Mensch.

Das sind starke Argumente, die Ben-Chorin anführt. Trotzdem ist das Schweigen des Neuen Testaments über eine Ehe Jesu von größerem Gewicht.

In 1. Korinther 9,5 erwähnt Paulus, dass andere Apostel, Brüder Jesu und auch Petrus verheiratet sind. Wäre Jesus verheiratet gewesen, hätte Paulus das an dieser Stelle wohl ebenfalls angeführt. Allerdings beruft er sich auch nirgends auf eine Ehelosigkeit Jesu. Er empfiehlt die Ehelosigkeit trotzdem.[5] Und das zeigt, dass auch ein Jude wie Paulus sich für ein Leben ohne Ehe aussprechen und entscheiden kann. Nach Matthäus 19,12 weist Jesus auf Menschen hin, die „um des Himmelreichs willen" sich sogar zur Ehe unfähig gemacht haben. Sie haben sich kastriert. Jesus lobt sie nicht, nimmt sie aber in Schutz. Nach 5. Mose 23,2 sind Kastrierte aus der Gemeinde Gottes ausgeschlossen.

Einen zwingenden Grund, nach dem Jesus hätte ledig sein müssen, gibt es aus christlicher Sicht nicht. Auch ein verheirateter Jesus könnte der Messias, Gottessohn und Heiland sein.

1 Schalom Ben-Chorin: „Bruder Jesus. Mensch – nicht Messias", München 1972
2 Markus 2,23-28
3 Markus 1,30-31
4 Z.B. Markus 10,2-12
5 1. Korinther 7

Jesus und die Frauen

Jesu Botschaft, Verhalten und Wirken geben der Frau ihre Würde. Die Evangelien stellen Frauen als positive Beispiele vor, die zeigen, was Jesus will: Die Schwiegermutter des Petrus diente ihm, nachdem Jesus sie vom Fieber geheilt hatte, während seine Jünger über seine Absichten noch unsicher sind;[1] in der Todesstunde Jesu sind Frauen, die ihm schon in Galiläa gefolgt waren und ihm gedient hatten, vor Ort,[2] während sich die Jünger versteckt halten; Jesus erzählt in Hochachtung von einer Witwe, die ihren letzten Pfennig spendet, während viele Reiche nur von ihrem Überfluss abgeben;[3] am Vorabend seiner Hinrichtung würdigt eine Frau Jesus mit einem prophetischen Zeichen, während seine Jünger die Frau kritisieren[4]. Jesus nimmt sie in Schutz – so auch die Frauen, die ihre Kinder zu ihm bringen und von seinen Jüngern abgewiesen werden.[5] Schutz gewährt er ebenfalls einer Frau, die ihm als Ehebrecherin vorgeführt wird. Sie hätte gesteinigt werden sollen.[6]

Markus und Matthäus zeigen Jesus in einem Streitgespräch mit einer heidnischen Frau.[7] Es ist das einzige Beispiel, in dem Jesus nicht als der Überlegene auftritt. Er lässt sich vielmehr von der Frau überzeugen, gibt ihr Recht und ändert seine Haltung. In Johannes 4 wird ein langes Gespräch zwischen Jesus und einer Samaritanerin überliefert. Seine Jünger aber sind darüber befremdet, dass er mit einer Frau redet. Und Lukas erzählt, wie Jesus bei Maria und Marta einkehrt, und von Jüngerinnen, die ihn versorgen.[8] Diese Geschichten dürften das unbefangene Verhältnis Jesu zu Frauen zutreffend charakterisieren.

Dem Markusevangelium, das eine ganze Reihe von positiven Frauengeschichten[9] erzählt im Gegensatz zu einer Reihe enttäuschender Jüngergeschichten[10], ist zu entnehmen, dass Frauen bei Jesus eine bevorzugte Stellung genießen. Dies gilt speziell für Maria Magdalena.[11]

Die Rolle von Frauen an der Seite Jesu ist angesichts der gesellschaftlichen Verhältnisse seiner Umgebung revolutionär. Entsprechend bedeutend war die Stellung von Frauen in der frühen Kirche.[12] Doch zeigen spätere Teile des Neuen Testaments bereits eine Vorherrschaft des Mannes.[13] Gesellschaftliche Verhältnisse waren hier schon einflussreicher als das Beispiel Jesu.

1 Markus 1,30-39
2 Markus 15,40-41
3 Markus 12,41-44
4 Markus 14,3-9
5 Markus 10,13-16
6 Johannes 8,1-11
7 Markus 7,24-30
8 Lukas 10,38-42; 8,1-3
9 Markus 5,21-43; 7,24-30; 12,41-44; 14,3-9; 15,40-41; 16,1-8
10 Markus 4,35-41; 6,45-52; 8,31-33; 9,33-37; 14,10-11.32-42.66-72
11 Lukas 8,2; Markus 15,40-41;16,9; Johannes 19,25; 20,1.11-18 und in außerbiblischen Schriften
12 Markus 16,1-8; Apostelgeschichte 12,12-13; 16,11-15; Grußliste in Römer 16,1-15; 1. Korinther 1,11
13 Kolosser 3,18-19; 1. Timotheus 2,8-15; 1. Petrus 3,1-7

Jesus aß und trank gern

Jesus zitiert einmal, was andere über ihn sagen: „Siehe, was ist dieser Mensch für ein Fresser und Weinsäufer!“[1] Aus der Sicht von Abstinenzlern und Asketen, die es damals auch schon gab,[2] mag das so erschienen sein. Es dürfte kein Zufall sein, dass das erste Wunder, das der Evangelist Johannes von Jesus erzählt, die Verwandlung von Wasser in guten Wein bei einer Hochzeit ist.[3] Eine schöne Deutung dieser Geschichte hat F. M. Dostojewski in „Die Brüder Karamasow“ gegeben: Jesus habe die Freude der Menschen aufgesucht und zur Freude verholfen, wo diese auszugehen drohte.

Gemeinsame Mahlzeiten spielen allgemein in den Kulturen eine wichtige Rolle. Das gilt auch für das Judentum, in dem Jesus beheimatet ist. Das jährliche Passamahl, aber auch das Essen und Trinken am Wochenende zu Beginn des Sabbats im Rahmen eines Gottesdienstes zu Hause mit der Familie sind Beispiele. Jesus hat mit seinen Anhängern diese Traditionen wohl auch gepflegt.[4] Dass er dennoch als ein Mensch gilt, der den Sabbat nicht hält,[5] hängt damit zusammen, dass er den Sabbat als Ruhetag zum Wohl und nicht zur Beschränkung für Mensch und Kreatur verstanden wissen will. Das bringt ihn in Konflikt mit der strengen Sabbatordnung der Pharisäer.

Auch mit dem Fasten hält sich Jesus mit seinen Anhängern nicht an die Regeln. Seine Gegenwart sei zu feiern und nicht mit Fasten zu betrauern. Und wenn schon Fasten, dann nicht mit saurem Gesicht sondern festlich.[6] Und es passt dazu, dass Jesus erklärt, Essbares könne den Menschen nicht entwürdigen, wohl aber, was der Mensch daraus mache.[7]

Mit wem jemand isst und trinkt, ist bis heute von Bedeutung. Jesus fällt dadurch auf und erregt Kritik, weil er mit „Zöllnern und Sündern“ isst und trinkt.[8] Nach Lukas ist er aber auch bei Pharisäern zu Gast.[9] Zweifellos will Jesus mit dem gemeinsamen Essen und Trinken mit den „Zöllnern und Sündern“ demonstrieren, dass auch diesen Menschen die Liebe Gottes gilt. Schön wird das in dem Gleichnis vom so genannten „verlorenen Sohn“ von Jesus erzählt.[10] Der Kommentar seiner Gegner, dass Jesus die Sünder annehme, denn er esse mit ihnen, ist durchaus zutreffend.[11]

Auf dieser Linie liegt auch das Abendmahl, das Jesus kurz vor seiner Hinrichtung mit seinen Jüngern feiert. Er feiert es mit der vollen Zahl seiner Jünger, das heißt auch mit Judas. Nach Matthäus hat Jesus dabei schon gewusst, dass dieser ihn an die Gegner ausliefern wird.[12] Es entspricht dem Verhalten und der Botschaft Jesu, dass in der Kirche von Anfang an in Erinnerung an ihn das gemeinsame Essen und Trinken als gottesdienstliche Feier von zentraler Bedeutung ist.[13]

---

1 Matthäus 11,19

2 Johannes der Täufer z.B., Matthäus 3; Lukas 7,33; die Rechabiter, Jeremia 35,6

3 Johannes 2,1-12

4 Markus 14,12-25; Lukas 2,41; Markus 1,21; Lukas 23,56

5 Johannes 9,16; Markus 2,23 – 3,6; Lukas 13,10-17

6 Mk 2,18-22; Matthäus 6,16-18

7 Markus 7,14-19

8 Markus 2,13-17; Lukas 15,1; 19,1-10

9 Lukas 7,36; 11,37

10 Lukas 15,11-32

11 Lukas 15,2

12 Markus 14,12-25; Matthäus 26,25

13 1. Korinther 11,17-34; Lukas 24,30-31; Apostelgeschichte 2,42

Jesus und die Kinder

Fünf der Wunder, von denen die Evangelien berichten, vollbringt Jesus an Kindern: Er erweckt die zwölfjährige Tochter des Jaïrus aus dem Tod;[1] er erlöst die Tochter einer Griechin von einem „unreinen Geist“;[2] er befreit einen Jungen, der ein Anfallsleiden hat, von einem „sprachlosen Geist“;[3] einer Witwe gibt er den einzigen Sohn, der gestorben war, wieder lebend zurück,[4] und er heilt den todkranken Sohn eines Mannes,[5] der im Dienst des Königs steht. Auffällig ist, dass von diesen fünf Wundern an Kindern zwei Auferweckungen vom Tode sind. Die Auferweckung eines Erwachsenen durch Jesus wird nur ein einziges Mal erzählt.[6]

Als einmal seine Jünger Kinder aus seiner Nähe verjagen wollen, reagiert Jesus erbost und sagt ihnen: „Lasst die Kinder zu mir kommen und hindert sie nicht, denn solchen gehört das Reich Gottes.“ Und zum Zeichen, dass die Liebe Gottes gerade auch den Kindern gilt, umarmt und segnet Jesus sie.[7]

Im Judentum seiner Zeit war es strittig, ob Kinder, die noch nicht in den Geboten unterrichtetet sind, von Gott angesehen werden. Jesus steht auf der Seite derer, die auch solchen Kindern das Reich Gottes zusprechen. Das liegt ganz auf der Linie, wonach Jesus die besondere Vorliebe Gottes zu den Schwachen verkündet, die mit leeren Händen dastehen und auf Zuwendung angewiesen sind.[8]

Vor diesem Hintergrund stellt Jesus Kinder auch als Vorbild vor. Als seine Jünger die Frage aufwerfen, wer der Größte im Himmel sei, ruft er ein Kind herbei, stellt es mitten unter sie und sagt: „Wenn ihr nicht umkehrt und werdet wie die Kinder, so werdet ihr nicht ins Himmelreich kommen.“[9] Nicht, dass Kinder werden wie Erwachsene, sondern dass Erwachsene werden wie Kinder! Denn Kinder wissen, dass sie einen Vater haben und ihr Wohlergehen von dessen Güte und Fürsorge abhängt. So kann ins Himmelreich nur kommen, wer Gott darum bittet: „Vater im Himmel, dein Reich komme!“ Wie ein Kind nicht fordernd vor seinen Vater tritt, so hat auch der Erwachsene keinen Anspruch gegenüber Gott. Aber er muss und darf darauf vertrauen, dass Gott ihm das Himmelreich bringt, wie ein guter Vater seinen Kindern gibt, was sie brauchen und sich nicht selbst besorgen können. – Jesus bezeichnet deshalb die Menschen, die zu ihm gehören, auch als „diese Kleinen“ und nimmt sie besonders in Schutz.[10] Und die ihre Feinde lieben, nennt er „Kinder eures Vaters im Himmel“.[11]

1 Markus 5,21-24.35-43
2 Markus 7,24-30
3 Markus 9,14-29
4 Lukas 7,11-17
5 Johannes 4,46-54
6 Johannes 11
7 Markus 10,13-16
8 Matthäus 5,3-10; Lukas 15,11-24
9 Matthäus 18,1-5
10 Matthäus 18,6
11 Matthäus 5,45

Jesus als ein Fremder in der Welt

Lukas erzählt, Jesus sei geboren worden, als seine Eltern auf Reisen waren.[1] Matthäus berichtet, Jesu Eltern seien mit ihrem Kind nach Ägypten geflohen, um seine Ermordung zu verhindern.[2] Mögen diese Mitteilungen auch aus Legenden über die Kindheit Jesu stammen, so bewahren sie doch die zutreffende Erinnerung daran, dass Jesus als ein Fremder in dieser Welt gelebt hat.

Die Evangelien berichten, Jesus habe in Nazareth, wo er aufgewachsen und als Zimmermann und Sohn Marias bekannt ist, kein Gehör gefunden.[3] Das etwa 30 Kilometer entfernt gelegene Kapernaum wird sein Stützpunkt. Hier findet er seine Jünger und Jüngerinnen.[4] Hier könnte er auch ein Haus gehabt haben.[5] Aber sesshaft wird er auch in Kapernaum nicht. Vielmehr zieht er umher zwischen den Ortschaften Galiläas bis nach Caesarea Philippi an der nördlichen Grenze.[6] Und schließlich geht er die 100 Kilometer nach Jerusalem, wo er alsbald hingerichtet wird.[7]

Einmal erklärt Jesus seine Situation mit den Worten: „Die Füchse haben Gruben, und die Vögel unter dem Himmel haben Nester; aber der Menschensohn (= ich) hat nichts, wo er sein Haupt hinlege.“[8] Jesus zieht wie ein Fremder durchs Land. Und Fremde scheinen ihn auch am besten zu verstehen: Bei einem Römer findet Jesus den Glauben, den er in Israel bei keinem sonst angetroffen hat.[9] Auch einer Griechin bescheinigt Jesus, dass ihr Glaube groß sei.[10] Als Jesus am Kreuz stirbt, ist es nach dem ältesten Evangelium im Neuen Testament ein römischer Hauptmann, der begreift und ausspricht, wer da stirbt: „Wahrlich, dieser ist Gottes Sohn gewesen.“[11] Man kann zwar bezweifeln, ob diese Nachrichten zutreffend sind und nicht allzu sehr schon geprägt von den späteren Missionserfolgen. Aber warum sollte der Missionserfolg der Christen bei den Griechen, Römern, Ägyptern usw. nicht auch seinen Anfang gehabt haben können im Leben Jesu selbst?

Im Vorwort des Evangeliums nach Johannes heißt es: „Er war in der Welt, und die Welt ist durch ihn gemacht; aber die Welt erkannte ihn nicht. Er kam in sein Eigentum; und die Seinen nahmen ihn nicht auf. Wie viele ihn aber aufnahmen, denen gab er Macht, Gottes Kinder zu werden, denen, die an seinen Namen glauben.“[12] Diese Worte erfassen zutreffend Jesu Existenz und Wirken in der Welt.

1 Lukas 2,1-14
2 Matthäus 2,13-23
3 Markus 6,1-6
4 Markus 1,16-21
5 Markus 2,1; 3,20
6 Markus 1,39; 8,27
7 Markus 15
8 Matthäus 8,20
9 Matthäus 8,5-13
10 Markus 7,24-30
11 Markus 15,39
12 Johannes 1,10-12

Eine ungeliebte Jesusgeschichte

„Jesus und die Ehebrecherin" lautet die Überschrift. In der 1984 überarbeiteten Übersetzung Martin Luthers findet sich klein gedruckt der Hinweis: „Der Bericht 7,53-8,11 ist in den ältesten Textzeugen des Johannes-Evangeliums nicht enthalten."

Die Geschichte von „Jesus und der Ehebrecherin"[1] erzählt, wie man Jesus eine Frau vorführt, die beim Ehebruch ertappt wurde. Man fragt Jesus, was nach seiner Meinung mit ihr geschehen soll. Mose habe doch geboten, solche Frauen zu steinigen. Jesus antwortet: „Wer unter euch ohne Sünde ist, der werfe den ersten Stein auf sie." Da sich niemand findet, der einen Stein auf sie wirft, und sich die Ankläger alle still verziehen, sagt Jesus zu der Frau: „So verdamme ich dich auch nicht; geh hin und sündige hinfort nicht mehr."

Diese Geschichte findet sich erst im Codex Bezae, einer eigentümlichen Abschrift der Evangelien aus dem 5. Jahrhundert n.Chr. In den älteren Abschriften und Übersetzungen fehlt sie. Sie gehört sicher auch nicht zum ursprünglichen Bestand des Johannes. Dem Inhalt, dem Stil und der Wortwahl nach würde die Geschichte eher in eines der anderen Evangelien passen. Und tatsächlich findet sie sich in einigen Abschriften aus dem Mittelalter im Lukasevangelium, Kapitel 21, nach Vers 38. Einigen Sündergeschichten des Lukas steht sie besonders nahe – z.B. Lukas 7,36-50 und 19,1-10.

Aber warum fehlt die Geschichte in den zahlreichen Evangelien-Abschriften der ersten vier Jahrhunderte? – Die einleuchtendste Erklärung lautet: Die Geschichte entspricht nicht den hohen Anforderungen einer strengen Moral. Nicht nur bei Juden war Ehebruch ein Kapitalverbrechen. Auch bei Christen war er mehr als bloß ein verzeihlicher Fehltritt. Er war in manchen christlichen Kreisen der einzige Scheidungsgrund.[2]

Der römische Legat Plinius berichtet um 115 n.Chr., dass Christen vor Sonnenaufgang zusammenkommen und sich mit einem Eid verpflichten, keinen Diebstahl, Raub, Ehebruch, keine Treulosigkeit und keine Unterschlagung zu begehen. Es mögen Vertreter einer strengen Ehemoral gewesen sein, die die Geschichte von Jesus und der Ehebrecherin verdrängt haben. Es werden liberalere Kreise gewesen sein, die ihre Überlieferung gesichert haben. Unstrittig ist, dass Johannes 8,1-11 eine echte Jesusgeschichte bewahrt.

1 Johannes 8,1-11
2 Matthäus 5,32; 19,9

Jesus und seine Wunder

Die Evangelien erzählen von über 30 Wundertaten Jesu. Die meisten sind Heilungen. Entsprechend der damaligen Anschauung geschehen einige als Austreibung eines krank machenden Dämons.[1] Jesus tritt hierbei als Exorzist auf, dessen Machtwort der Dämon gehorchen muss.[2] In einem Fall erfolgt die Heilung als Befreiung von krank machender Sünde.[3] Jesus teilt die Auffassung von einem Zusammenhang zwischen Sünde und Krankheit, ohne dies zu einem allgemeinen Erklärungsprinzip zu erheben.

Die Heilungswunder Jesu stehen für seine Botschaft von der Gegenwart und Herrschaft Gottes, unter der der Mensch von allem erlöst wird, was ihn in Besitz nimmt, bedroht und einschränkt.

Einige der Wunder Jesu sind als Naturwunder zu bezeichnen. Dazu gehören u. a.: die Stillung des Sturms,[4] die Speisung der Fünftausend,[5] der Gang über den See[6]. Besonders aufsehenerregend sind Geschichten von der Wiederbelebung Toter.[7] Die Geschichten von den Natur- und Wiederbelebungswundern haben einen anderen historischen Hintergrund als die Heilungswunder. Sie haben in der Missionstätigkeit der christlichen Gemeinde ihren Ursprung und nicht im Tun Jesu selbst. Sie spiegeln symbolisch oder gleichnishaft Erfahrungen der Gemeinde wider: die Erfahrung,

- im Glauben an Christus durch die Stürme der Zeit wunderbar getragen und vom Untergehen gerettet zu werden,
- im Abendmahl, von dem Brot fortwährend zu zehren, in dem Jesus durch sein Wort anwesend ist,
- in der Mission, dass weltweit Menschen in Jesus Halt finden,
- dass Christus sich allen Mächten gegenüber als überlegen erweist.

Die Bibel erzählt Wundergeschichten u.a. auch von Mose, Elisa[8], Petrus, Johannes und Paulus[9]. Außerhalb der Bibel wird ebenfalls von Menschen berichtet, die Wunder vollbracht haben sollen wie Jesus – so von Apollonius aus Tyana, Hanina ben Dosa oder dem römischen Kaiser Vespasian.

Die Bedeutung von Wundern ist schon im Neuen Testament umstritten. Denn nicht nur Gott tue Wunder, sondern auch der Satan.[10] Jesus lehnt es ab, sich durch Wunder zu legitimieren.[11] Er will nicht Glaube durch Wunder, sondern Wunder durch Glaube.[12]

1 Markus 1,21-26; Lukas 13,11-13
2 Markus 5,1-16; 9,14-29
3 Markus 2,1-12; vgl. Johannes 5,1-14
4 Markus 4,37-41
5 Markus 6,35-44
6 Markus 6,45-52
7 Markus 5,21-43; Lukas 7,11-17; Johannes 11,1-45
8 4. Mose 20,2-11; 2. Könige 4,8-44; 6,1-7
9 Apostelgeschichte 3,1-11; 9,36-42; 20,7-12
10 Markus 3,22-30
11 Markus 8,10-13
12 Matthäus 17,14-20; Markus 5,34

Reich Gottes – das zentrale Thema Jesu

Die Herrschaft und Gegenwart Gottes ist das zentrale Thema der Botschaft Jesu. Der Begriff, der dafür steht, lautet: „Reich Gottes" oder „Himmelreich" oder einfach „Reich". Rund hundert Mal kommt der Begriff in den ersten drei Evangelien vor. Bei Johannes und im übrigen Neuen Testament findet er sich nur selten. Denn hier steht Christus im Mittelpunkt der Verkündigung und das Reich ist hier das „Reich Christi"[1].

Markus fasst Jesu Predigt zusammen mit dem Satz: „Die Zeit ist erfüllt, und das Reich Gottes ist herbeigekommen. Tut Buße und glaubt an das Evangelium."[2] Das ist kaum ein Zitat aus dem Mund Jesu, sondern eher die Formulierung des Evangelisten. Matthäus formuliert die Botschaft von Johannes dem Täufer fast mit den gleichen Worten.[3]

Bei kritischer Prüfung bleiben in den Evangelien etwa 15 Belege dafür, dass Jesus den Begriff „Reich Gottes" tatsächlich gebraucht hat. Das geschieht häufig in Diskussionen.[4] Dabei widerspricht Jesus gängigen Auffassungen. In Markus 10,23-27 und Matthäus 8,11-12 z.B. geht es um die Frage, wer in das Reich Gottes kommt. Für Jesu Gegner steht wohl fest: wir Juden, nicht die Heiden, wir Gerechten, nicht die Sünder, wir Pharisäer, nicht das Volk, das die biblischen Gebote nicht kennt, wir Reichen, nicht die Armen. Jesus widerspricht dem: Keiner kann in das Reich Gottes kommen.[5] Entsprechend formuliert er die Bitte im Vaterunser: „Dein Reich komme."[6] Und er lehrt nicht beten: „Lass uns in dein Reich kommen." Das Reich Gottes ist das Kommen Gottes zum Menschen. Es ist seine Freiheit und nicht die Möglichkeit des Menschen. Es hat niemand einen Anspruch auf Gottes Reich oder Gegenwart. Das unterstreicht Jesus, wenn er das Reich den Armen zuspricht,[7] die ja in jeder Hinsicht nichts haben.

Jesus spricht gerne in Gleichnissen vom Reich Gottes.[8] Dabei spielt er öfter auf Bilder und Motive der Prophetie in der hebräischen Bibel, dem Alten Testament, an, insbesondere auf die Reden vom Gericht, das Gott hält.[9] Die Gleichnisse verdeutlichen Gottes großzügige und überraschende Ausübung seiner Herrschaft.

Jesus verbindet das Reich und die Gegenwart Gottes mit seiner eigenen Person.[10] Er spricht dabei vom Reich Gottes wie von seiner ureigenen Sache, die ihn selbst ganz und gar einnimmt und in ihm selbst gegenwärtig ist – auch in der Zukunft.[11]

---

1 Epheser 5,5; Kolosser 1,13
2 Markus 1,15
3 Matthäus 3,2
4 Markus 10,23-25; Matthäus 19,12
5 vgl. Markus 10,25
6 Matthäus 6,10
7 Lukas 6,20
8 Markus 4,1-9.26-32; Matthäus 13,33.44-50
9 Markus 4,26-29; Matthäus 13,24-30; vgl. Joel 4,13; Jesaja 1,31; 4,4
10 Lukas 11,20; Markus 10,14
11 Markus 14,25; Lukas 17,20-21

Das Gebet Jesu

Wie sollen wir beten? Jesus gibt ein Beispiel: Das „Vaterunser". Dieses findet sich zweimal im Neuen Testament: Matthäus 6,9-13 und Lukas 11,2-4. Die Fassung des Lukas ist die kürzere. Üblicherweise wird das Vaterunser nach Matthäus mit dem lobenden Schluss gebetet: „Denn dein ist das Reich und die Kraft und die Herrlichkeit in Ewigkeit. Amen." Dieser Schluss fehlt in wichtigen Urkunden. Er dürfte von Christen in Anlehnung an 1. Chronik 29,11-13 formuliert worden sein.

Lukas scheint die ursprüngliche Gestalt besser bewahrt zu haben als Matthäus. Die Unterschiede der beiden Vaterunser-Texte zeigen, dass das Gebet Jesu als Beispiel verstanden wurde, mit dem frei umgegangen werden darf.

Im Vergleich mit zeitgenössischen Gebeten zeichnet sich das Vaterunser durch seine Kürze aus. Die Anrede ist denkbar schlicht, während diese z.B. in der heidnischen Umwelt Jesu besonders ausladend ist. Sie lautet bei Lukas einfach „Vater". Dafür gibt es auch im Judentum keine Parallele. Die Anrede Gottes als „Vater" ist zu einem Merkmal christlichen Gebets geworden.[1] Sie drückt Nähe aus, wahrt aber auch achtungsvolle Distanz, was von Matthäus durch die Ergänzung „im Himmel" unterstrichen wird.

Nach Matthäus enthält das Vaterunser sieben Bitten, nach Lukas nur fünf. Das Gebet, das im Judentum dreimal täglich gebetet werden soll, zählt dagegen 18 Bitten.

Die fünf gemeinsamen Bitten in den beiden Überlieferungen sprechen Grundlegendes an: 1. die Anerkennung Gottes („Geheiligt werde dein Name"), 2. die Zukunft mit Gott („Dein Reich komme"), 3. die Lebensmittel für den Tag („Unser tägliches Brot gib uns heute"), 4. Frieden mit Gott und den Mitmenschen („Und vergib uns unsre Schuld, wie auch wir vergeben unsern Schuldigern"), 5. die Bewahrung vor dem Experiment, gegen Gott zu leben („Und führe uns nicht in Versuchung"). Matthäus hat zusätzlich zwei Bitten – nach der dritten: „Dein Wille geschehe, wie im Himmel so auf Erden". Den Willen Gottes hat Matthäus in der Bergpredigt Jesu zusammengefasst.[2] Bewusst hat er das Vaterunser darum dort auch eingesetzt. Lukas bringt es in einem anderen Zusammenhang. Das „Vaterunser" nach Matthäus endet mit einem Hilfeschrei: „erlöse uns von dem Bösen". Der Hilfeschrei ist zugleich Ausdruck höchsten Vertrauens zu Gott. Das bestätigt die Gemeinde, die das Lob Gottes anfügt.

---

1 Römer 8,15; Galater 4,6; 1. Petrus 1,17
2 Matthäus 5 – 7

Jesu Gebot der Nächstenliebe

Das Christentum sei die Religion der Nächstenliebe, meinen viele und berufen sich darauf, dass Jesus befiehlt: „Du sollst deinen Nächsten lieben wie dich selbst.“[1] Jesus zitiert damit wörtlich 3. Mose 19,18 aus der hebräischen Bibel, dem Alten Testament. Er verbindet das Gebot mit dem so genannten „Höre, Israel“, dem Bekenntnis Israels nach 5. Mose 6,4-5: „Höre, Israel, der Herr, unser Gott, ist der Herr allein. Du sollst den Herrn, deinen Gott, lieben von ganzem Herzen, von ganzer Seele, von ganzem Gemüt und von allen deinen Kräften.“[2]

Es besteht hinsichtlich solchen Doppelgebots der Liebe Übereinstimmung zwischen Jesus und dem Schriftgelehrten, der ihm die Frage nach dem höchsten Gebot stellt.[3] Das bestätigt die jüdische Tradition des Gebots und auch seinen hohen Rang im Judentum.

Unter „Liebe“ versteht Jesus die hilfreiche Tat und Zuwendung und nicht das Gefühl der Sympathie. Das Gleichnis vom barmherzigen Samariter[4] veranschaulicht das ebenso wie das Handeln Jesu selbst – z.B. bei den Heilungen. Jesus kann das Gebot der Nächstenliebe auch zuspitzen: „Liebt eure Feinde.“[5] Die Fallbeispiele von 2. Mose 23,4-5 werden ihm dabei vor Augen gestanden haben: „Wenn du dem Rind oder Esel deines Feindes begegnest, die sich verirrt haben, so sollst du sie ihm wieder zuführen. Wenn du den Esel deines Widersachers unter seiner Last liegen siehst, so lass ihn ja nicht im Stich, sondern hilf mit ihm zusammen dem Tiere auf.“

Mit dem Doppelgebot der Liebe antwortet Jesus auf die Frage, welches das höchste Gebot sei in der Tora, den Weisungen der Bücher Mose.[6] Er gebietet die Nächstenliebe also nicht abstrakt als Grundsatz einer allgemeinen Lehre über das rechte Verhalten des Menschen. Das gilt überhaupt: Jesus liefert kein abgerundetes moralisches System. Die Nächstenliebe ist für ihn kein Prinzip. So gibt er auch Weisungen, die mit einem solchen durchaus in Spannung stehen.[7]

Jesu Gebote stehen oft im Zusammenhang mit Diskussionen oder bestimmten Anfragen. Sie sind auf den Fall bezogen und damit konkrete Forderungen.[8] Sie lassen sich deshalb nicht wie gesetzliche Vorschriften anwenden. Sie stellen aber den Menschen unter das Sagen des Gottes, der zu seiner Schöpfung steht und durch Jesus den geschlagenen und verachteten Menschen Recht gibt und Würde.[9]

1 Markus 12,31
2 Markus 12,30; Matthäus 22,37
3 Markus 12,32; Lukas 10,25-28
4 Lukas 10,25-37
5 Matthäus 5,44; Lukas 6,27
6 Matthäus 22,36
7 z.B. Markus 10,11; Lukas 9,59-62; 14,26
8 z.B. Markus 10,2-12.13-14; 12,13-17
9 Lukas 1,52; 6,20-22; Markus 2,17; 10,14

Jesus sagt „Gott" ohne Scheu

Jesus hat keine neue abgerundete Lehre über Gott. Gott ist für ihn der Schöpfer, der Gott Israels, der Gott, der allein gut ist.[1]

Jesus erzählt von Gott indirekt in Gleichnissen, wie er am Werk ist, Gericht hält und seine Macht ausübt.[2] Die Gleichnisse sind als Sprachmittel deshalb besonders geeignet, weil sie deutlich machen, dass Gott nicht unmittelbar zu sehen und mit keinem Gegenstand der Welt direkt identisch ist. Er ist dem Menschen nur vergleichsweise anschaulich zu machen. Es bleibt immer ein Unterschied zwischen dem, was Menschen sehen, begreifen, erklären und erfahren, und Gott selbst.

Den Willen Gottes benennt Jesus im Zusammenhang mit praktischen Fragen.[3] Er demonstriert Gottes Gegenwart, Güte und Kraft, indem er selbst Kranke heilt, von Dämonen befreit und Sünden vergibt.[4] So macht Jesus, was er von Gott sagt, zugleich mit seinem eigenen Tun und Verhalten anschaulich.[5] Darum gilt im Urchristentum Jesus selbst als „Gestalt Gottes" oder „Bild Gottes".[6]

Jesus gebraucht nur selten Ersatzbegriffe für „Gott". Das ist auffällig, weil im Judentum eine Scheu besteht, das Wort „Gott" auszusprechen. Man nennt ihn stattdessen z.B. „Herr", „der Höchste", „der Hochgelobte".[7] Vor dem Hohen Rat, der das Todesurteil gegen ihn fällt, sagt Jesus „die Kraft" statt „Gott".[8] Mehrfach bezeichnet er – durchaus in jüdischer Tradition – Gott als „Vater".[9] Das wurde in der frühen Kirche beim Beten zur Anrede für Gott.[10] Aber die unbefangene Verwendung des Wortes „Gott" in der Urkirche, zu der mehrheitlich doch Juden gehörten, wird auf die Redeweise Jesu selbst zurückgehen. Zu Umschreibungen Gottes äußert sich Jesus kritisch.[11]

Jesus spekuliert nicht philosophisch über „Gott an sich" oder über „Gott im Jenseits". Sondern er redet und handelt so, dass die Menschen, die ihn hören, zu ihm kommen, mit ihm gehen, ihn aufnehmen oder mit ihm essen, dabei mit Gott konfrontiert werden. Die Menschen reagieren darauf unterschiedlich: Sie erklären Jesus für einen Gotteslästerer oder preisen Gott für das, was Jesus gesagt und getan hat; sie verspotten Jesus oder erklären ihn für Gottes Sohn; sie halten ihn für verrückt oder tun Buße; sie sind enttäuscht oder staunen.[1].

Am nächsten ist der Gott Jesu den Menschen, die religiös und gesellschaftlich ohne Ansehen sind.[13] Jesus selbst gehört zu ihnen.[14]

---

1 Markus 10,6-7.18; 12,26.28-34
2 Markus 4; Matthäus 13
3 Markus 10,9; Matthäus 6,24
4 Markus 1,23-27.40-44; 2,5-7.15-17; Matthäus 12,28
5 Markus 2,5-7.28; 3,35; vgl. Johannes 14,9
6 Philliper 2,6; Kolosser 1,15; Hebräer 1,3
7 Lukas 1,32; Markus 14,61
8 Markus 14,62
9 Matthäus 5,48; 6,9.32
10 Galater 4,6; Römer 8,15
11 Matthäus 5,34-35; 23,16-22
12 Markus 2,7.12; 14,16-20.29-32.39; 1,16-20; Lukas 19, 1-10; Markus 3,21.30; 10,22; 2,12; Matthäus 7,28-29
13 Markus 2,13-17; Matthäus 5,3-10; Lukas 15,11-32
14 Johannes 1,46; Markus 2,16; 6,3; 14,63-64

Jesusworte, die nicht in der Bibel stehen

Jesus sieht, wie ein Mann am Sabbat arbeitet, und sagt: „Mensch, wenn du weißt, was du tust, bist du selig. Wenn du es aber nicht weißt, bist du verflucht und ein Übertreter des Gesetzes.“ Das steht nicht in der Bibel, sondern im Codex D aus dem 5. Jahrhundert n.Chr. – Woher hat der Codex D die Geschichte? Frei erfunden ist sie wohl nicht. Sie passt gut in die Welt und Zeit Jesu und kann durchaus auf ihn zurückgehen.

1889 hat Alfred Pesch die außerbiblischen Jesusworte, „Agrapha“ genannt, erstmals in einer Sammlung veröffentlicht. Seitdem sind weitere unbekannte Jesusworte aus dem frühchristlichen Schrifttum hinzugekommen. Bedeutend ist hier besonders das koptische Thomasevangelium, das 1945 entdeckt wurde.

Joachim Jeremias hat in einer Untersuchung, die 1948 unter dem Titel „Unbekannte Jesusworte“ erschienen ist,[1] in den Agrapha „sehr viel Spreu und sehr wenig Weizen“ gefunden.

Zum Weizen gehört die schon erwähnte Sabbatgeschichte. Auch ein Gleichnis ist dazu zu zählen. Es steht im Thomasevangelium: „Der Mensch gleicht einem klugen Fischer, der sein Netz ins Meer warf und es (wieder) aus dem Meer heraufzog; (da war es) voll von kleinen Fischen. Unter ihnen fand der kluge Fischer einen guten großen Fisch. (Da) warf er alle die kleinen Fische (wieder) hinunter ins Meer und wählte den großen Fisch ohne Zaudern. Wer Ohren hat zu hören, der höre.“[2] Dieses Gleichnis erinnert an das vom Fischnetz in Matthäus 13,47-48 und zeigt ein Kolorit, das zum See Genezareth passt, in dessen Umgebung Jesus gewirkt hat.

Das syrische Liber Graduum aus dem 4. Jahrhundert überliefert eine Aussage, die bereits Justin (gestorben um 165) als Jesuswort zitiert: „Wie ihr gefunden werdet, so werdet ihr (zum Gericht) hinweggeführt.“ Die syrische Fassung belegt das hohe Alter dieses Wortes und weist ins Aramäische, das Jesus gesprochen hat.

Die Beispiele zeigen: Nicht alles, was Jesus gesagt hat, steht in der Bibel. Das Neue Testament hat aber mit den vier Evangelien die größte und bedeutendste Sammlung seiner Worte und ist insgesamt der Jesuszeit näher als die sonstige Jesusliteratur. Die Jesusworte außerhalb der Bibel entstammen der mündlichen Überlieferung wie auch das, was die Evangelien des Neuen Testaments enthalten.

1 1980 im Gütersloher Verlagshaus Gerd Mohn neu aufgelegt

2 Text bei J. Jeremias

Jesus und das Geld

Jesus ist nicht ohne Geld durchs Land gezogen. Immerhin führen seine Jünger 200 Denare mit sich.[1] Ein Denar entspricht dem Tageslohn eines Arbeiters.[2] Jesus wurde mit Spenden unterstützt, vor allem wohl von Frauen.[3]

Matthäus berichtet, Jesus habe selbstverständlich die jährlich fällige Tempelsteuer von zwei Drachmen gezahlt.[4] Eine Steuerverweigerung aus moralischen oder religiösen Gründen lehnt Jesus ab. Er zeigt auf das Bild des römischen Kaisers auf der Denarmünze und sagt: „Gebt dem Kaiser, was des Kaisers ist, und Gott, was Gottes ist."[5] Das heißt: Ihr gebraucht das Geld des Kaisers, also gebt ihm auch zurück, was er zurückfordert.

Am bekanntesten ist wohl der Ausspruch Jesu: „Ihr könnt nicht Gott dienen und dem Mammon."[6] Allerdings bezeichnet „Mammon" allgemein Besitz und Vermögen. Menschen erwarten von solchem oft mehr, als es leisten kann.[7] – Die Witwe, die ihr letztes Geld in den Spendenkasten des Tempels gibt, erhebt Jesus zum Vorbild. Denn sie hat alles gegeben, „was sie zum Leben hatte",[8] und hat ihr Leben auf anderes Gesetzt als auf Geld. – Der Rat an die Jünger, „weder Gold noch Silber noch Kupfer", also kein Geld mit sich zu führen,[9] entspricht den radikalen Regeln und der Praxis frühchristlicher Wandermissionare und dürfte nicht auf Jesus selbst zurückgehen.

In Beispielgeschichten, die Jesus erzählt, spielt Geld immer wieder eine Rolle: von dem Menschen, der mehreren Knechten in Teilbeträgen sein Vermögen anvertraut, verreist und nach seiner Rückkehr wissen will, was sie mit dem Geld gemacht haben;[10] von dem Gläubiger, der zwei Schuldnern die Rückzahlung von je 500 Denaren erlässt;[11] vom barmherzigen Samariter, der die Kosten für die Versorgung und Pflege eines Fremden übernimmt;[12] von einer Witwe, die sich darüber freut, eine verlorene Drachme wieder gefunden zu haben;[13] von dem Pharisäer, der stolz darauf ist, zehn Prozent seiner Einnahmen als Religionssteuer zu zahlen, damit aber bei Gott nichts erreicht.[14] – Jesu Botschaft dabei ist: Du sollst mit deinem Geld anderen dienen. Entsprechend soll beim Spenden die rechte Hand nicht wissen, was die linke tut.[15] Das heißt: Die Spende soll ganz dem Empfänger dienen und nicht auch dem Spender selbst. Dass es aber nicht immer angebracht ist, alles, was als Luxus gilt, zu Geld zu machen, um es den Armen zu geben, sagt Jesus auch.[16]

1 Markus 6,37; Johannes 6,7
2 Matthäus 20,2
3 Lukas 8,3
4 Matthäus 17,24-27
5 Markus 12,17
6 Matthäus 6,24; Lukas 16,13
7 Lukas 12,16-22
8 Markus 12,44
9 Matthäus 10,9
10 Matthäus 25,14-30
11 Lukas 7,41-43
12 Lukas 10,25-37
13 Lukas 15,8-10
14 Lukas 18,9-14
15 Matthäus 6,1-4
16 Markus 14,3-9

Hat sich Jesus für den Messias gehalten?

Die Frage berührt Jesu Selbstbewusstsein. Die Psychologie kann darüber nichts sagen, da Jesus bei keinem Psychoanalytiker auf der Couch gelegen hat. Es bleiben als Quellen vor allem die Evangelien. Und da ist zu unterscheiden, für wen seine Anhänger und die Urkirche Jesus halten und für wen er sich selbst hält.

Für die Urkirche ist Jesus der Messias.[1] „Messias“ ist ein Ehrentitel, der im Judentum in unterschiedlicher Bedeutung wichtig ist. Im Neuen Testament ist Messias der König, den Gott als Nachkomme Davids am Ende der Zeit einsetzt, um die Menschheit in Weisheit und Gerechtigkeit zu regieren, heilig zu machen und zu erlösen.[2] Er wird nicht als ein politischer Messias gesehen, sondern als Messias, der sich auszeichnet durch Dienen und Leiden zu Gunsten anderer.[3]

Die griechische Übersetzung für „Messias“ ist „Christos“, auf Deutsch: „der Gesalbte“[4], d.h. König.

Es sind stets andere, die Jesus als Messias (Christus) bezeichnen,[5] nie er sich selbst. Matthäus 23,10 ist eine eigene Formulierung des Evangelisten; so auch Matthäus 16,20, wie der Vergleich mit Markus 8,30 zeigt.

Jesus fordert nicht die richtige Titulierung.[6] Doch könnte er mit seiner Botschaft, seinem Tun, seinem Gang nach Jerusalem und seinem Anspruch, in göttlicher Vollmacht zu reden und zu handeln,[7] das gefördert haben, dass man ihn für den Messias erklärt.

Im Prozess gegen Jesus fragt ihn der Hohepriester, ob er der Messias Gottes sei. Jesus bestätigt das, ohne den Begriff zu übernehmen: „Ich bin’s; und ihr werdet sehen den Menschensohn sitzen zur Rechten der Kraft und kommen mit den Wolken des Himmels.“[8] Die Römer schreiben an das Kreuz Jesu als Hinrichtungsgrund: „König der Juden“.[9] Das spielt auf den Messiastitel an.

Auch andere Ehrentitel werden Jesus zugelegt, z.B. „Heiliger Gottes“, „Prophet“, „Sohn Gottes“.[10] Keinen dieser Titel verwendet Jesus für sich selbst. Der Begriff, mit dem Jesus von sich selbstspricht, lautet aber: „Menschensohn“[11]. Ob das ein Ehrentitel ist, ist in der Wissenschaft sehr umstritten. Jesus könnte den Begriff aus Bescheidenheit verwendet haben, weil er schlicht auch für „Ich“ stehen kann.[12] Er ehrt sich nicht selbst und beansprucht auch keine Ehrung. Dass ihm dennoch alle Ehre gebührt, dessen ist sich die Urkirche und Kirche bis heute gewiss.

---

1 Johannes 20,31; Apostelgeschichte 2,36
2 vgl. 1. Korinther 1,30
3 Markus 8,27-33; 10,35-45; Lukas 22,24-28
4 Johannes 1,41
5 Markus 8,29; 14,61
6 vgl. Markus 8,27-30
7 Markus 2,3-12; Lukas 11,20
8 Markus 14,61-62
9 Markus 15,26
10 Johannes 6,69; Markus 6,15; 15,39
11 Matthäus 8,20; Markus 2,10.28 und öfter
12 Markus 2,10; 10,33

Glaubte Jesus an einen Weltuntergang?

Der Begriff „Weltuntergang“ kommt in den Reden Jesu nicht vor. Jesu Erwartung und Botschaft ist vor allem auf das Kommen des Reiches Gottes gerichtet.[1]

Im Evangelium nach Markus, Kapitel 13, ist aber davon die Rede, dass Himmel und Erde vergehen werden.[2] Diese Rede schöpft aus der apokalyptischen Überlieferung des Judentums, das heißt aus einer „Geheimliteratur“, deren Verfasser sich gerne hinter Autoritäten früherer Zeiten verbergen. Sie wollen Angehörige einer bestimmten Gruppe, die sich in Not befindet, zum Durchhalten ermutigen und trösten wie z.B. das Judentum unter der Herrschaft des Antiochus IV. Epiphanes (175 – 164 v.Chr.) oder christliche Gemeinden während der Herrschaft von Kaiser Domitian (81 – 96 n.Chr.).[3] Zwischen Markus 13 und der traditionellen Apokalyptik gibt es aber auch erhebliche Unterschiede. Vor allem fehlt ein genaues Programm, nach dem die Geschichte abläuft, und auch eine Berechnung, wann das Ende eintreffen wird.[4]

Markus 13 geht in der vorliegenden Form nicht auf Jesus zurück, atmet aber seinen Geist – gerade auch hinsichtlich der Unterschiede zur Apokalyptik. Sie ist eine Rede an eine christliche Gemeinde, die vielleicht im „ersten jüdischen Krieg“ gegen die Römer (66 – 70 n.Chr.) oder schon früher – etwa im Jahr 40 n.Chr., als Kaiser Caligula aus Rache den Tempel in Jerusalem durch ein Standbild entweihen wollte – Leid und Bedrohung erfahren hat. In diese Rede können einzelne Worte Jesu aufgenommen worden sein. Vielleicht zählt ihr Abschluss dazu, in dem zur Wachsamkeit aufgerufen wird, aber auch der Hinweis, dass niemand außer Gott selbst die Stunde kennt, wann Himmel und Erde vergehen.[5]

Markus 13 will mit den Hinweisen auf Kriege und Kriegsgeschrei, auf Verfolgungen und Naturkatastrophen nicht Angst machen und die Aufmerksamkeit auf solche Ereignisse werfen. Das Anliegen ist die Botschaft: „Wer beharrt bis an das Ende, der wird selig.“[6] Und der Appell ist: Die Gemeinde soll sich halten an das Kommen Jesu Christi „in den Wolken mit großer Kraft und Herrlichkeit“ und an die Gemeinschaft mit ihm.[7] Die Rede greift damit die Botschaft Jesu auf, die alle Aufmerksamkeit und Hoffnung auf das Kommen des Reiches Gottes richtet.[8] Die Gemeinde erwartet das Reich Gottes mit dem Kommen Jesu. Denn wo Jesus ist, da ist auch das Reich Gottes gegenwärtig und „mitten unter euch“.[9]

Christen erwarten deshalb als Letztes nicht gebannt den Weltuntergang, sondern gelöst und hoffnungsvoll einen „neuen Himmel und eine neue Erde“[10] mit dem Reich Gottes, das mit Jesus anfängt, da ist und kommt.

---

1 Markus 1,15; 14,25; Matthäus 6,10.33
2 Matthäus 24 und Lukas 21,5-36 folgen Markus 13

3 Aus der Zeit des Antiochus IV. Epiphanes stammt das apokalyptische Buch Daniel, aus der Zeit des Domitian die Offenbarung des Johannes.
4 Vgl. Daniel 2,36-45; 12,11-13
5 Markus 13,32-37
6 Markus 13,13
7 Markus 13,26-27
8 Matthäus 6,10.33; 25,34; Markus 4,26-32; 10,15; 12,34; 14,25; Lukas 9,60.62
9 Lukas 17,21; Matthäus 12,28; Markus 4,26-32
10 Offenbarung 21,1; 2. Petrus 3,13; Jesaja 65,17

Jesus ohne Titel

Jesus trägt eine Fülle von Ehrentiteln. Der häufigste ist „Christus“. Das ist die griechische Übersetzung des jüdischen Begriffs „Messias“ und bedeutet: der zum König „Gesalbte“[1]. Weitere Titel sind z.B. „Sohn Gottes“, „Rabbi“, „Prophet“, „Sohn Davids“, „Heiland“, „Herr“. Allerdings bezeichnet sich Jesus niemals selbst mit einem dieser Titel. Das einzige Gegenbeispiel, Matthäus 23,10, geht eher auf den Evangelisten zurück als auf Jesus selbst.

Nach den Evangelien bezeichnet sich Jesus rund 70 Mal selbst als „Menschensohn“.[2] Es ist umstritten, ob Jesus das tatsächlich getan hat und in welchem Sinn. Einmal bezeichnet er sich als „Diener“.[3] Nie wird Jesus von anderen als „Menschensohn“ oder „Diener“ angeredet. Das hat seinen Grund: Beide Ausdrücke sind keine Ehrentitel. „Diener“ ist im Judentum zur Zeit Jesu für einen angesehenen Menschen befremdlich, für Griechen hat das Wort sogar eine geringschätzige Bedeutung. Wer etwas auf sich hält, lässt sich dienen.

„Menschensohn“ ist eine wörtliche Übersetzung aus dem Aramäischen, der Muttersprache Jesu. Das Wort bedeutet einfach „Mensch“[4]. Es findet sich im Aramäischen aber auch als Umschreibung für „ich“. Und tatsächlich lässt sich dort, wo Jesus „Menschensohn“ sagt, meist „ich“ oder „der Mensch“ einsetzen.[5]

Die neutestamentliche Forschung in Deutschland erklärt zumeist, „Menschensohn“ sei ein Ehrentitel in ähnlicher Bedeutung wie „Messias“. Jesus habe mit dem Begriff göttliche Vollmacht beansprucht. Dabei wird auf Daniel 7,13-14 verwiesen, wo von einer Gestalt die Rede ist, die „wie ein Menschensohn“ erschien und mit den Wolken des Himmels kam. Darauf spielt auch Markus 13,26 und 14,62 an.

In der angelsächsischen und vor allem in der jüdischen Forschung wird bezweifelt, dass es im Judentum einen Ehrentitel „Menschensohn“ im messianischen Sinne gab. Das erklärt auch, warum sich niemand darüber aufregt, dass Jesus den Ausdruck „Menschensohn“ für sich gebraucht. Er sagt ja damit nicht mehr als „ich“.

Mit den Selbstbezeichnungen „Menschensohn“ und „Diener“ stellt sich Jesus an die Seite des Menschen. Dagegen bevorzugen Christen nach Ostern und wegen Ostern Titel, die Jesus an die Seite Gottes stellen: „Messias“, „Sohn Gottes“ und „Herr“ zum Beispiel.

1 Johannes 1,41
2 Markus 2,10.28; Matthäus 11,19 und öfter
3 Lukas 22,27; vgl. Markus 10,45
4 Vgl. Psalm 8,5
5 Markus 2,10.28; Matthäus 16,13, vgl. Markus 8,27

Ritt Jesus auf zwei Eseln zugleich? – Ein frommes Missverständnis

Matthäus erzählt bei der Geschichte vom Einzug Jesu in Jerusalem von einer Kuriosität:[1] Jesus habe seinen Jüngern befohlen, ihm aus Betfage eine Eselin und das Füllen, das sie bei ihr fänden, zu bringen. Und Matthäus erklärt: „Das geschah aber, damit erfüllt würde, was gesagt ist durch den Propheten, der spricht: ‚Sagt der Tochter Zion: Siehe, dein König kommt zu dir, sanftmütig, und reitend auf einem Esel und auf einem Füllen, dem Jungen eines Lasttiers.‘“[2] Und weiter berichtet er: „Die Jünger gingen hin und taten, wie ihnen Jesus geboten hatte, und brachten die Eselin und das Füllen und legten ihre Kleider auf sie, und er setzte sich auf sie.“ Matthäus erzählt also, dass Jesus bei seinem Einzug in Jerusalem auf einer Eselin saß und zugleich auf deren Füllen.

Der Evangelist hat die Szene der Weissagung des Propheten Sacharja angepasst. Dabei hat er diesen aber missverstanden. Denn Sacharja spricht nur von einem einzigen Tier. So haben ihn auch Markus, Lukas und Johannes verstanden.[3] Wörtlich heißt es bei Sacharja: „Siehe, dein König kommt zu dir, gerecht und heilvoll ist er, arm, auf einem Esel reitend, auf einem Hengst, einem Füllen einer Eselin.“ Die Formulierung ist typisch für die hebräische Sprache, in der dieselbe Sache gerne in verschiedener Form doppelt ausgesagt wird. Ein weiteres Beispiel findet sich bei Sacharja noch an gleicher Stelle: „Du Tochter Zion, freue dich sehr, und du, Tochter Jerusalem, jauchze.“ Es ist hier nicht von zwei Töchtern die Rede, sondern von ein und derselben, d.h. von der Stadt Jerusalem, die auch Zion genannt wird.

Matthäus hat aus Unkenntnis der hebräischen Redeweise aus dem einen Tier, das der Prophet einmal als „Esel“ und dann als „Hengst, Füllen einer Eselin“ bezeichnet, zwei Tiere gemacht. Entsprechend musste Jesus, damit sich das Wort des Sacharja auch so erfüllt, wie Matthäus es verstand, auf einer Eselin und ihrem Füllen in Jerusalem einreiten.

Das Beispiel lehrt, dass die Evangelisten auch mal irren können und sich die Freiheit nehmen, Szenen aus dem Leben Jesu der Deutung anzupassen, die sie ihr geben. Die Evangelien sind nicht objektiv, sondern sind deutende Berichte. Ihre Verfasser beschreiben nicht nur, sondern wollen verstehen, erklären und ihren Glauben bekennen.

---

1 Matthäus 21,1-11
2 Sacharja 9,9
3 Markus 11,1-10; Lukas 19,29-38; Johannes 12,12-19

Jesu Leiden und Sterben nach dem ältesten Evangelium

Der erste Bericht über das Leiden und Sterben Jesu am Kreuz findet sich im Evangelium nach Markus.[1]

Schon zu Beginn der Wirksamkeit Jesu stellen Schriftgelehrte fest: „Er lästert Gott.“[2] „Gotteslästerung“ lautet dann auch die Begründung des Todesurteils gegen Jesus.[3] Markus macht damit deutlich, dass Jesus mit seinem gesamten Wirken verurteilt wird: mit der Vergebung der Sünden, die er ausspricht,[4] mit seiner menschenfreundlichen Auslegung des Fasten- und des Sabbatgebots,[5] seiner Kritik am Jerusalemer Tempel[6] und schließlich auch mit seiner Bestätigung, der Messias und Sohn Gottes[7] zu sein.

Jesus stirbt als ein Mensch, der ganz den Menschen ausgeliefert scheint: Einer seiner Jünger verrät ihn,[8] einer verleugnet ihn,[9] die maßgebliche religiöse Autorität im Judentum damals verurteilt ihn aus religiösen, der römische Gouverneur Pontius Pilatus aus populistischen Gründen,[10] das Volk demonstriert für seine Hinrichtung,[11] römische Soldaten foltern und verspotten ihn,[12] selbst zwei Räuber, die mit ihm gekreuzigt werden, verspotten ihn.[13] Dennoch hebt Markus hervor, dass nicht die Menschen Herr des Geschehens sind, sondern Gott es bestimmt. Darum nimmt Jesus sein Leiden und Sterben auch im Einklang mit Gott an. Ausdrücklich wird das in der Szene im Garten Gethsemane erzählt.[14] Es wird aber auch deutlich in dem Vorherwissen, das Jesus über seinen Tod hat.[15]

Markus berichtet, dass Jesus stirbt, indem er laut Worte aus Psalm 22 ruft: „Mein Gott, mein Gott, warum hast du mich verlassen.“[16] Er will mit dem Zitat auf den ganzen Psalm 22 hinweisen. Dieser endet mit einem Lob Gottes, der das Elend des Armen wahrnimmt und dessen Schreien erhört.

Alle Welt wird sich zu diesem Gott bekehren und ihn anbeten. Repräsentant der Völker ist der römische Hauptmann unter dem Kreuz, der angesichts des Todes Jesu sagt: „Wahrlich, dieser Mensch ist Gottes Sohn gewesen.“[17] Er bestätigt damit, was Markus schon im ersten Satz des Evangeliums von Jesus erklärt.[18] Auch die Frauen, die der Kreuzigung zusehen, an seiner Bestattung teilnehmen[19] und die ersten sind, die von seiner Auferstehung erfahren,[20], sind Repräsentantinnen für „die vielen“, die als minderwertig gelten, für die Jesus aber eintritt[21] und zu deren Heil Jesus sein Leben hingibt.[22]

---

1 Markus 14-15. Das Evangelium nach Markus ist um 70 n.Chr. entstanden und ist das älteste Evangelium. Es fußt auf ältere mündliche und vielleicht auch schriftliche Überlieferung.
2 Markus 2,7
3 Markus 14,64
4 Markus 2,5
5 Markus 2,18 – 3,6
6 Markus 11,15-19
7 Markus 14,61-62
8 Markus 14,10-11.43-46
9 Markus 14,66-72
10 Markus 14,53-64;15,1-15

11 Markus 15,6-16
12 Markus 15,16-20
13 Markus 15,32
14 Markus 14,32-42
15 Markus 8,31-38; 14,8.18.27-31
16 Markus 15,34
17 Markus 15,39
18 Markus 1,1
19 Markus 15,40.47
20 Markus 16,1-8
21 Markus 1,40-44; 2,13-17;5,21-43;10,13-16
22 Markus 10,45

Warum wurde Jesus gekreuzigt?

Die Kreuzigung Jesu fand wohl im Jahr 30 statt. Die Römer spielten dabei eine maßgebliche Rolle. Sie hatten ein politisches Interesse an seiner Hinrichtung. Der römische Prokurator Pontius Pilatus musste annehmen, Jesus wolle die Königsherrschaft über Palästina an sich reißen.[1] Das wäre dann ein Verbrechen gegen die Majestät und den Machtanspruch des römischen Kaisers gewesen.[2]

Die Initiative zur Tötung Jesu lag beim Hohen Rat, der obersten richterlichen Behörde der Juden. Der beschuldigte Jesus bei Pilatus, er beanspruche, „König“ zu sein.[3] Tatsächlich war die Königsherrschaft Gottes, das „Reich Gottes“, auch Jesu zentrales Anliegen.[4] Dabei war das politische Missverständnis nicht nur für Römer nahe liegend. Auch der Teil des Volkes, der Jesus beim Einzug in Jerusalem als „Messias“ begrüßte, hatte eine politische Erwartung an ihn. Allerdings forderte diese gerade nicht seine Hinrichtung. Im Gegenteil: seine Erhebung auf den Thron Davids.[5]

Nach Markus 14,64 fordert der Hohepriester die Todesstrafe für Jesus wegen Gotteslästerung. Jesus war gefragt worden, ob er der Messias sei. Und er hatte geantwortet: „Ich bin's.“[6] Diese Formulierung konnte als die Anmaßung verstanden werden, Jesus beanspruche, Gott zu sein. Denn nach 2. Mose 3,14 gibt Gott als seinen Namen an: „Ich bin, der ich bin.“ Aber es gab wohl noch einen weiteren Grund für die Verurteilung Jesu durch den Hohen Rat: seine Kritik am Tempel.[7] Eine solche hatte auch sonst zu Verfolgungen geführt – z.B. gegen den Propheten Jeremia.[8] Kritik am Tempel hätte bei dem anstehenden Passafest zu Unruhen führen können. Das wiederum hätte die Römer zum Eingreifen gezwungen. Das Fest wäre dann in ein Massaker umgeschlagen. Diese Befürchtung dürfte auch der Anlass dafür gewesen sein, alles noch vor dem Fest zu erledigen.[9]

Mag Pilatus Jesus aus politischen Gründen gekreuzigt haben und der Hohe Rat seinen Tod aus religiösen Gründen und in Sorge um ein ungestörtes Passafest gefordert haben, so wird weder das eine noch das andere Motiv im Neuen Testament zur Anklage gegen die Römer oder die Juden genutzt. Vielmehr wird Jesu Tod am Kreuz gedeutet als Versagen des Menschen schlechthin und als Selbstopfer Gottes, in dem sich seine ganze Liebe zu den Menschen zeigt.[10]

1 Markus 15,2
2 Johannes 19,12
3 Johannes 19,12
4 Markus 1,15
5 Markus 11,9-10
6 Markus 14,62; Johannes 18,5-6
7 Markus 11,15-18; 13,2; 14,57-58
8 Jeremia 26
9 Vgl. Matthäus 26,510Römer 5,6-11

Jesu Worte am Kreuz

Markus und Matthäus berichten, dass Jesus laut rufend stirbt: „Mein Gott, mein Gott, warum hast du mich verlassen?“[1] Dieser Ruf ist der Anfang von Psalm 22, der ein Klage- und Dankgebet ist. Psalm 22 endet mit einer Verheißung für die Toten. So ist Jesu Schrei nicht Ausdruck der Gottverlassenheit sondern tiefster Not und zugleich des Vertrauens zu Gott, der das Schreien des Armen hört.[2]

Nach Lukas stirbt Jesus als der Heiland. Seine Kreuzigung beantwortet er mit einem Gebet für seine Peiniger: „Vater, vergib ihnen; denn sie wissen nicht, was sie tun.“[3] Als Heiland erfährt ihn auch einer der „Übeltäter“, der sich betend an Jesus wendet. Ihm gibt Jesus die göttliche Zusage: „Amen, ich sage dir: Heute wirst du mit mir im Paradies sein.“[4] Die Szene will verdeutlichen, dass sich die reuige Hinwendung zu Jesus für den Sünder auch im letzten Augenblick noch lohnt. Statt mit dem Schrei aus Psalm 22, der für Lukas wohl missverständlich war, stirbt Jesus mit einem Wort aus Psalm 31: „Vater, ich befehle meinen Geist in deine Hände.“[5] Auch Psalm 31 ist eine Klage, die mit dem Lob Gottes endet, der die behütet, die ihm vertrauen.[6]

Ähnlich stellt auch Johannes Jesus dar. Jesus weist seine Mutter und den Jünger, „den er lieb hatte“[7] einander zu, indem er seiner Mutter sagt: „Frau, siehe, das ist dein Sohn!“, und dem Jünger: „Siehe, das ist deine Mutter!“ Welchen Sinn dieses Vermächtnis hat, ist bei den Auslegern umstritten. – Ein weiteres Wort Jesu, „mich dürstet“, führt Johannes mit der Anmerkung ein, dass Jesus es spricht, „damit die Schrift erfüllt würde“[8]. Es bezieht sich also auf das Alte Testament. Zu denken ist hier an Psalm 22,16 und 69,22. Und wieder ist jeweils der ganze Psalm zu sehen. Auch Psalm 69 ist eine Klage, die mit dem Lob Gottes endet, der die Armen hört. Nach Johannes stirbt Jesus als der, in dem sich das Alte Testament erfüllt, das als Weissagung auf ihn verstanden wird. Dies wird bekräftigt durch Jesu letztes Wort am Kreuz: „Es ist vollbracht.“[9] Vollbracht ist der Heilsplan Gottes mit seinem Volk. Vollbracht ist, wozu Gott Jesus gesandt hat. Jesus stirbt im Frieden und im Einklang mit dem Gott Israels und ist wieder bei dem Vater, von dem er gekommen ist.[10]

Die Evangelisten lassen Jesus am Kreuz sagen, was ihr jeweiliges Verständnis von Jesus noch einmal auf den Punkt bringt. Die letzten Worte sind theologische Konzentrate.

---

1 Markus 15,34; Matthäus 27,46
2 Psalm 22,25
3 Lukas 23,34
4 Lukas 23,39-43
5 Psalm 31,6; Lukas 23,46
6 Psalm 31,22-25
7 Johannes 19,25-27
8 Johannes 19,28
9 Johannes 19,30
10 Johannes 8,28-29 und öfter

Zwei biblische Erklärungen des Todes Jesu

Jesus wurde auf entehrende und grausame Weise hingerichtet: durch Kreuzigung.[1] Stirbt so ein Mensch, der Gott auf seiner Seite hat? Ist Jesus mit seiner Botschaft von dem Gott, der die Liebe ist, und mit seinem Verhalten, das dieser Botschaft entsprach, nicht ins Unrecht gesetzt worden durch seinen Tod an einem Galgen?

Es gibt Hinweise dafür, dass die Jünger den Tod Jesu zunächst als ein Scheitern verstanden.[2] Durch das Geschehen an Ostern werden sie aber angeregt, den Karfreitag neu zu sehen. Ein Scheitern kann seine Hinrichtung nicht bedeuten, wenn Jesus durch seine Auferstehung gegen alle Erwartung doch wieder Glaube, Hoffnung und Liebe weckt und ermöglicht. Diese Erfahrung zwingt dazu, den Tod Jesu anders als ein Scheitern zu erklären

Im Neuen Testament gibt es verschiedene Versuche, den Tod Jesu zu deuten. Das Johannesevangelium sieht in ihm die Vollendung des Gehorsams Jesu gegenüber Gott. So stirbt Jesus hier mit den Worten: „Es ist vollbracht.“[3] Selbst der Tod am Kreuz kann Jesus und Gott nicht auseinanderbringen. Jesus hat sich in seinem Gehorsam gegenüber Gott bis in seinen entwürdigenden Tod hinein bewährt. Darum gilt für Johannes: Jesus und Gott sind eins; wer Jesus sieht, sieht Gott.[4]

Paulus deutet den Tod Jesu als Schutz für den Menschen, der als Sünder seine Existenzberechtigung eigentlich verspielt hat. Denn er misstraut Gott und missachtet die Kreatur.[5] Mit der Kreuzigung nimmt Jesus die Todesstrafe auf sich, die eigentlich der Sünder verdient hätte. Jesu Tod ist also stellvertretend „für uns“ geschehen.[6] Darum kann der Tod jetzt für den Menschen keine Strafe und kein Vernichtungsurteil mehr sein. Nichts kann mehr von der Liebe Gottes trennen.[7] Der Sünder steht nicht mehr unter Strafe, sondern im Frieden, den Gott gibt.[8] Denn Gott hat Jesus mit samt seiner Botschaft, seinem Verhalten, Wesen und auch mit seinem Tod durch die Auferweckung bestätigt. Gott wendet sich deshalb den Menschen nun durch Jesus zu, der vom Tod auferstanden ist. In Jesus trifft der Mensch auf den Gott, der ihm wieder Existenzsrecht und Lebenssinn zurückgibt.[9] Der Tod Jesu zeigt gegen den äußeren Anschein die volle Tiefe und Verlässlichkeit der Liebe Gottes. Gott hat uns Jesus „zur Weisheit und zur Gerechtigkeit und zur Heiligung und zur Erlösung“ gemacht.[1].

1 Markus 15; Galater 3,13
2 Lukas 24,13-24
3 Johannes 19,30
4 Johannes 10,30; 14,9
5 Römer 1,18-2,29; 3,23
6 Römer 5,6; 1. Korinther 15,3: 2. Korinther 5,15
7 Römer 8,38-39; 1. Korinther 15,55-57
8 2. Korinther 5,19
9 Römer 8,31-38
10 1. Korinther 1,30

Gottes Liebe in Jesu Tod

Es hätte auch anders enden können – so wie in aller Regel. Jesus wäre hingerichtet worden und nicht lange danach: die Sache ist vergessen. So ist es geschehen mit den 2.000 Juden, die Quintilius Varus im Jahr 4 v.Chr. hat kreuzigen lassen.

Jesu Hinrichtung, die wahrscheinlich im Jahre 30 n.Chr. vollstreckt wurde, ist bis heute nicht vergessen worden. Weit über eine Milliarde Menschen kennt ihre Geschichte. Weltweit wird die Erinnerung an sie wach gehalten, wird sie weiterberichtet, wieder und wieder in ihrer Bedeutung bedacht und in ihrem Grund untersucht.

Jesu Hinrichtung hat der Menschheit ein außergewöhnliches Symbol für Hoffnung, Leben, Frieden, Gerechtigkeit und Liebe gegeben: das Kreuz.

Die Kreuzigung galt bei den Römern als die entwürdigendste Hinrichtungsart überhaupt und durfte an ihnen selbst nicht vollzogen werden. Im Judentum galt ein Aufgehängter als von Gott verflucht.[1] Die Hinrichtung Jesu hat das Kreuz aber zu einem Symbol der Befreiung gemacht.

Die Kreuzigung Jesu hat Kultur hervorgebracht: Musik wie die „Matthäuspassion" von Johann Sebastian Bach, Gemälde wie das des Isenheimer Altars von Matthias Grünewald, Architektur wie die des Kölner Doms, literarische Werke wie „Die Brüder Karamasow" von Fjodor M. Dostojewski, wissenschaftliche Werke wie die „Kirchliche Dogmatik" von Karl Barth.

Jesu Tod am Kreuz war und ist sozial wirksam: in der Krankenpflege z.B., in der Gefährdetenhilfe, in Rettungsdiensten, in „Brot für die Welt", in der Bahnhofsmission, in der Telefonseelsorge, in Kirchengemeinden überall in der Welt. Wo des Todes Jesu in Ehrfurcht gedacht wird, da bilden sich Gemeinschaften, für die Gottesdienst und soziales Handeln zusammengehören.

Wieso blieb ausgerechnet die Hinrichtung Jesu unvergessen? Wieso hat gerade sie solche Wirkung entfaltet? Das bedarf der Erklärung, und zwar nicht nur von denen, die an Jesus glauben, sondern auch von denen, die nicht an ihn glauben.

Der Apostel Paulus, einst jemand, der nicht an Jesus geglaubt hat, dann aber von ihm gestellt wurde,[2] erklärt: In der Kreuzigung Jesu liegt paradox – gegen den Augenschein – die ganze Liebe Gottes, die der Welt alles gibt und von der uns nichts trennen kann.[3] Was zunächst so gegensätzlich aussieht, gehört doch zusammen: In Jesu Hinrichtung wird die Liebe Gottes wirksam.

1 5. Mose 21,23
2 Galater 1,11-24; Apostelgeschichte 9
3 Römer 8,32-39

Jesus: auferweckt von den Toten!

Tausende von Juden wurden von den Römern gekreuzigt. Von keinem, der so hingerichtet wurde, wird hinterher erzählt, er sei von den Toten auferstanden. Jesus ist die Ausnahme. Die Rede von der Auferweckung Jesu von den Toten, die wenige Tage nach seiner Kreuzigung aufkam, ist nicht psychologisch als Überwindung der Enttäuschung oder Trauer über seinen Tod erklärbar. Sonst müsste ein solcher psychologischer Mechanismus immer wieder bei tragischen Trauerfällen auftreten. Das ist aber nicht der Fall.

Die ersten Nachrichten über die Auferweckung Jesu stieß bei seinen Jüngern auf Skepsis.[1] Manches deutet darauf hin, dass die Jünger Jesus wegen seiner Hinrichtung als gescheitert ansahen und keineswegs seine Auferstehung erwarteten.[2]

Die älteste schriftliche Mitteilung über die Auferweckung ist bei Paulus zu fin den.[3] Sie stammt aus der Zeit um 55 n.Chr. Paulus zitiert, was ihm selber mitgeteilt wurde und somit eine ältere christliche Überlieferung ist: Jesus sei nach seinem Tod und seiner Bestattung gesehen worden von Kephas (= Petrus), von den Zwölfen (= Jünger), von 500 Brüdern auf einmal, von Jakobus, dem Bruder Jesu, danach von den Aposteln und zuletzt von ihm, Paulus, selbst.[4]

Die Aussage, Gott habe Jesus auferweckt,[5] beruht darauf, dass eine Reihe von Leuten nach seinem Tod und seiner Bestattung Jesuserscheinungen hatten. Nach den Evangelien gehörten Frauen zu den ersten, denen der Auferstandene erschienen ist.[6] Paulus erwähnt sie in diesem Zusammenhang nicht.

Neben den Erscheinungen spielt die Auffindung des leeren Grabes eine Rolle.[7] Die Deutung des leeren Grabes ist aber schon in den Evangelien umstritten und ist es unter den Forschern bis heute. Die Evangelien überliefern die Deutung, das Grab sei leer gewesen, weil der Leichnam Jesu gestohlen worden sei.[8] Heutige Forscher diskutieren darüber, ob die Nachricht von der Auferstehung auf Grund der Auffindung des leeren Grabes aufgekommen ist oder ob die Überlieferung vom leeren Grab eine Folgerung ist, die aus der Nachricht von der Auferstehung gezogen wurde.

Fest steht, dass das Geschehen, das im Neue Testament als „Auferweckung Jesu" bezeichnet wird, dazu geführt hat, dass Jesu Tod am Kreuz, sein Auftreten und Wirken, seine Person, aber auch Gott und Mensch neu gesehen, verstanden und gedeutet werden.[9]

---

1 Markus 16,1-8; Matthäus 28,17; Lukas 24; Johannes 20
2 Markus 14,50; Lukas 24,17-24
3 1. Korinther 15
4 1. Korinther 15,3-8
5 Römer 10,9; Galater 1,1
6 Johannes 20,11-18; Matthäus 28,9-10
7 Markus 16,1-8; Johannes 20,1-15
8 Matthäus 28,11-15; Johannes 20,1-2
9 Johannes 12,16; Römer 8,31-39; 1. Korinther 15

Jesus im Apostolischen Glaubensbekenntnis

Das kurze Apostolische Glaubensbekenntnis spricht am ausführlichsten von Jesus. Aber es sagt nicht alles, was Christen von ihm sagen können. Es erwähnt z.B. nichts aus seinen Reden. Es erklärt dagegen konzentriert, wer Jesus für den Gläubigen ist.

Das Bekenntnis bezeichnet Jesus als „Christus". Das griechische Wort ist eine Übersetzung des hebräischen „Messias". Propheten Israels haben angekündigt, Gott werde den „Messias" senden, seinen Willen durchzusetzen, Israel und die Welt zu erlösen, Gerechtigkeit und Frieden zu errichten.[1] Zugleich sagt das Bekenntnis, dass Jesus Gottes „eingeborener Sohn" ist und „unser Herr". Das sind Formulierungen aus dem Neuen Testament. „Eingeborener Sohn"[2] heißt, dass Jesus der einzige Sohn Gottes ist. „Sohn" ist dabei kein Begriff aus einer Abstammungsurkunde, sondern will ein Verhältnis ausdrücken. „Eingeborener Sohn" besagt: Zwischen Jesus und Gott besteht völlige Identität. Darum wird Jesus auch „Herr" genannt wie Gott im Alten Testament.[3] Damit sagen Christen von Jesus auch, dass er als der Christus über alles Macht hat.

Auch „empfangen durch den Heilgen Geist"[4] will die vollkommene Übereinstimmung mit Gott ausdrücken. Für Christen ist Jesus deshalb „wahrhaftiger Gott". Daneben steht: „geboren von der Jungfrau Maria". Damit wird erklärt, dass Jesus auch „wahrhaftiger Mensch" ist. Die wahre Menschheit Jesu zeigt sich gerade darin, dass er gelitten hat unter Pontius Pilatus, gekreuzigt wurde, gestorben ist, begraben wurde und „hinabgestiegen (ist) in das Reich des Todes". Letzteres betont, dass Jesus wirklich tot war und nicht nur scheintot. Er ist durch den Tod gegangen, wie das für jeden Menschen gilt. Aber doch ist das nicht sein Ende. Auf Grund von Ostern[5] müssen Christen von Jesus auch sagen, dass er auferstanden ist von den Toten. Apostelgeschichte 1,6-11 ist der Grund für die Erklärung, dass Jesus „aufgefahren (ist) in den Himmel" und zur rechten Hand Gottes sitzt. Das heißt: Der auferstandene Jesus ist nicht spurlos verschwunden. Sondern er ist tätig und macht Geschichte. Er übt die göttliche Macht über alles aus. Darum ist er die Hoffnung der Christen. Denn er kommt, „zu richten die Lebenden und die Toten". In seinen Händen liegt das Geschick und Ende von Mensch und Schöpfung.

1 Jesaja 11,1-16; 65,17-25; Sacharja 9,9-10
2 Johannes 3,16
3 2. Mose 20,2
4 Vgl. Matthäus 1,18-20; Lukas 1,26-38
5 1. Korinther 15,4; Markus 16,1-8

Wollte Jesus eine Kirche?

Das Wort „Kirche" bedeutet im Neuen Testament das gleiche wie „Gemeinde". Es kommt in den Evangelien nur zweimal vor[1]. In der wissenschaftlichen Auslegung ist man sich weithin einig, dass beide Stellen nicht auf Jesus zurückgehen. Sie sind vielmehr in der frühen christlichen Gemeinde formuliert worden. Es gibt also keinen Beleg dafür, dass Jesus von einer Kirche gesprochen hat. Und so hat vor hundert Jahren der katholische Theologe Alfred Loisy den Satz geprägt: „Jesus predigte das Reich Gottes, und gekommen ist die Kirche."

Es ist aber festzustellen, dass Jesus nicht nur eine Lehre verbreitet. Sondern er ruft auch Menschen auf: „Folgt mir nach!"[2] Und so wird er zum Mittelpunkt einer Lebensgemeinschaft. Im Bekenntnis zu seiner Person, in der Gemeinschaft mit ihm und im Glauben an ihn wird der Zugang zu Gott gewonnen.[3] Das Essen und Trinken mit „Zöllnern und Sündern" zusammen mit seinen Jüngern ist für Jesus ein unverzichtbares Zeichen für das Wesen seines Wirkens.[4] Bei dem Abschiedsmahl, „in der Nacht, da er verraten ward", gibt Jesus der Tischgemeinschaft seiner Jünger auch über seinen Tod hinaus einen besonderen Sinn.[5]

Es ist gewiss richtig, dass Jesus keine Kirche gegründet und organisiert hat. Und doch ist sein Wirken angelegt auf eine Gemeinschaft, die durch ihn zu Stande kommt, die von ihm bevollmächtigt ist und ihn repräsentiert.[6] Jesus ist nicht der Gründer, aber Grund der Kirche. Nur durch sein Wirken ist die Kirche denkbar. Der Ruf, ihm nachzufolgen, seine Solidarität mit „Zöllnern und Sündern", die Berufung von zwölf Jüngern und deren Aussendung und Beauftragung, zu predigen und zu heilen, seine Verknüpfung der Liebe zu Gott mit der Liebe zum Nächsten[7] und die Stiftung des Abendmahls – das alles zielt auf eine verlässliche und dauerhafte Gemeinschaft, die Jesus in Erinnerung behält,[8] die ihn verkündigt und bekennt, die sich Jesu und seiner Worte nicht schämt[9] und auch durch seinen Tod sich nicht abhalten lässt, ihm zu dienen[10] und schließlich zu ihm zu beten.[11]

Für die Urkirche ist ihre Existenz aber nicht allein aus dem Wirken des historischen Jesus erklärbar, sondern zuerst aus der wirkungsvollen Gegenwart des heiligen Geistes, der Jesus neu zur Sprache bringt und den Glauben an ihn weckt.[12] Der Kirche selbst ist ihre Existenz ein Wunder Gottes.

1 Matthäus 16,18; 18,17
2 Markus 1,17.20; 2,13-17
3 Markus 8,34-38; Matthäus 10,32-39
4 Markus 2,13-17; Lukas 19,1-10
5 Markus 14,12-25; 1. Korinther 11,23-26
6 Markus 6,7-13; Matthäus 10,1.5-8
7 Markus 12,28-34
8 Lukas 22,19
9 Markus 8,38; Römer 1,16
10 Markus 15,40-41; 16,1
11 1. Korinther 16,22; Offenbarung 22,20
12 Apostelgeschichte 2

Die Gegenwart Jesu Christi im „heiligen Geist"

Die Jünger Jesu wurden vom „heiligen Geist" erfüllt und fingen an, in fremden Sprachen von Jesus zu sprechen und zu erzählen. Das geschah an Pfingsten. So berichtet die Apostelgeschichte, Kapitel 2.

Die Erfahrung des „heiligen Geistes" ist für die Kirche grundlegend. Aber was ist gemeint, wenn die Kirche vom „heiligen Geist" spricht und in ihrem Bekenntnis sagt, dass sie glaubt „an den Heiligen Geist, der Herr ist und lebendig macht, der aus dem Vater und dem Sohn hervorgeht, der mit dem Vater und dem Sohn angebetet und verherrlicht wird, der gesprochen hat durch die Propheten"[1]?

„Geist" ist ein wichtiger Begriff schon im Alten Testament. Das hebräische Wort hat dort ähnlich wie das entsprechende griechische im Neuen Testament verschiedene Bedeutungen: „Wind", „Atem", „Geist". Der Geist ist eine unverfügbare Kraft und Macht, die Menschen zu etwas befähigt und veranlasst, was diese von sich aus und allein nicht schaffen und wagen würden. So vermag Gideon, nachdem der Geist Gottes über ihn gekommen ist, das Volk Israel aus aussichtsloser Lage zu erretten.[2] Im Buch des Jesaja ist die Rede von einem Menschen, auf dem Gottes Geist ist.[3] Dieser Mensch, der Messias, zeichnet sich dadurch aus, dass er das Recht des Armen vertritt, sich des Schwachen erbarmt, den Elenden gute Botschaft und den Gefangenen Freiheit bringt. Nach dem Matthäusevangelium und bei seiner Taufe[4] wird Jesus mit diesem Menschen, von dem Jesaja einst gesprochen hat, identifiziert und so als der Messias vorgestellt. Paulus geht hier noch einen Schritt weiter. Für ihn gilt, dass Jesus nicht nur den Geist hat, sondern der Geist ist.[5]

Wenn die christliche Gemeinde sagt, dass sie Werk des „heiligen Geistes" sei, dann meint sie damit, dass die Gegenwart der Macht und Lebendigkeit Jesu Christi ihr Grund und Wesen ist. Nicht die Erinnerung an den Jesus der Vergangenheit macht die Kirche aus, sondern seine wirkende Gegenwart. Diese Erfahrung ist, was Christen als Erfahrung des „heiligen Geistes" bezeichnen. Und dieser „heilige Geist" ist in der Sicht der Kirche nicht weniger als der historische Jesus, der einst in Galiläa gewirkt hat und in Jerusalem gekreuzigt wurde, und nicht weniger als Gott selbst und wird darum „mit dem Vater und dem Sohn angebetet und verherrlicht".

1 Konzil von Konstantinopel 381 n.Chr.; das Glaubensbekenntnis von Nizäa-Konstantinopel (Evangelisches Gesangbuch, Nr. 805)
2 Richter 6,33-34
3 Jesaja 11,2; 42,1; 61,1
4 Matthäus 12,17-18; Markus 1,9-11
5 2. Korinther 3,17